頭が冴える! 毎日が充実する!

スゴい早起き

Techniques To Become An Early Bird

塚本亮
Ryo Tsukamoto

すばる舎

まえがき

劣等感まみれ……。そんな私に訪れた「転機」とは？

誰にでも〝人生のターニングポイント〟があります。
私の場合、それは高校2年時の「早起き」です。

小学生の頃から勉強が苦手で成績が悪く、高1の学力テストでは偏差値30台。大学受験など望むべくもない状態でした。

こんな劣等感まみれの私の人生が、早起きのおかげで一変することになったのです。

なぜ、早起きするようになったのか。

告白します。それは、ある事件が契機となりました。

高校時代の私は、勉強できない、スポーツもできない、やることといったらケンカばかりする問題児――、そんな輩でした。


そんな日々に決別するときはふいに訪れます。

些細ないざこざで、同級生とケンカしていたときのことです。

決着がつくと思ったそのとき、相手が私の顔に向かって何かを吹きつけてきました。

その瞬間――、
焼けつくような痛みが走りました。
催涙スプレーを吹きかけられたのです。
顔を押さえてうずくまったのは私だけではありませんでした。近くにいた数十人もの同級生が巻き添えになり保健室や病院に運ばれたのです。私はその後、学校から2週間の停学・自宅謹慎処分を告げられました。

「このままではヤバい」あせる私に起死回生の気づきが！

家から出られないこの期間、何をやっても、どうしても面白いと思えません。

ふと、そのとき思いました。本でも読もうと――。

親に同行してもらえば外出も許可されていたので、早速、本屋さんに連れて行ってもらいました。

そこで、目に飛び込んできた本を片っ端から手に取り、何冊も買い込んだのです。

心のどこかで、「このままではヤバい」と感じていたのでしょう。

このとき読んだ本のひと言ひと言が16歳の私の心をわしづかみにしました。

何でも否定的に捉え、ネガティブだった考え方が徐々に変化していくのを感じました。

本を読めば読むほど、「自分を変えたい」という思いは強くなります。

そして、私はある運命的な一歩を踏み出します。

それが「早起き」でした——。

停学処分が解けた後、少しずつ勉強するようになった私は、成績も少しずつ上向くようになりました。そんな頃、「もっと早起きして勉強してみよう」と思い立ったのです。

落ちこぼれから一転、成績上位へ！

早起きの効果はすぐに現れました。

脳が疲れた夜の時間帯に新しい知識を無理やり詰め込もうとするよりも、脳がフレッシュな朝の時間はびっくりするほどスムーズに勉強できたのです。

私にとって朝の5分は、夜の1時間に匹敵するほどの価値がありました。

夜、眠い目をこすりながら何度、参考書を読んでも全く頭に入りませんでしたが、朝はその逆です。5分もあれば十数ページ読み進めることができ、内容を一発で理解できるのです。

驚くほど頭が冴えて、知識をグングン吸収することができました。

朝のすごさに気づいた私は、その後、早起きを習慣化し、テスト勉強は朝のうちにすませるようになりました。それ以降、模試の点数もグンと良くなり、優秀な同級生たちと肩を並べるようになったのです。

自信をつけた私は朝起きるのが楽しくなり、勉強にもはずみがつきました。

結果的に、偏差値を30ほど上げて同志社大学に合格することができました。その後、ケンブリッジ大学の大学院を受験し、合格しました。朝時間をフル活用していなかったら合格を勝ち取ることはできなかったでしょう。

朝時間の活用で毎日が劇的に楽しくなる！

ケンブリッジ卒業後は起業し、現在は英語教室を主宰しています。受講生の皆さんに真っ先にお勧めするのが朝型の勉強習慣です。とにかく早起きがカギになるのです。**早朝の勉強効果は明らかで、２００名以上の学生、社会人の方々が海外の大学に入学しています。**

朝という誰にも邪魔されない自分だけの時間を、自分のやりたいことに使うという感覚ほど充実感をもたらしてくれるものはありません。

時間に追われて生きるのではなく、自分のための時間を確保する。朝の時間をうまく使えるようになるだけで、仕事もプライベートもうまくいき始めます。

「何かに追われて後手に回る生活ではなく、先手を取りながらアクティブに生きる毎日を迎えてほしい」という思いで、本書にその方法をまとめました。ケンブリッジで学んだ心理学の知見や、たくさんの成功事例を踏まえて、早起きの秘けつや、朝時間の活用法についてお話ししていきます。

1章では、**「朝時間がもたらす劇的な効果」**についてお話しします。2章では、心理学に基づいた**「仕組みで早起きするコツ」**を、3章では軽々と起きられる**「早起きトリガー」**をご紹介します。4章では脳の働きを最大化する**「朝時間の活用法」**、そして5章では**「パフォーマンスを上げる生活習慣」**についてわかりやすくお話ししていきます。

本書をお読みいただくことで、早起きしたいという気持ちがグングン芽生え、あなたの朝が劇的に変わるきっかけを得られるはずです。さあ、ご一緒に清々しく充実感でいっぱいの朝を迎えましょう。そして、早起き成功者の一人として楽しい人生を手に入れてください。

二〇一九年一月

塚本亮

目次

2章

早起きできる「心理法則」&「7つのメソッド」

パチッと目が覚め、起きたくなる！

3

3章

〝軽々〟と起きられる！今日からできる6つの「早起きトリガー」

4章

脳の働きを最大化する☆

ダントツに集中できる！「朝時間の活用法」

5章 生活が整い、コンディションも万全！ パフォーマンスが高まる生活習慣

装丁　井上新八
カバーイラスト　山内庸資
本文デザイン・イラスト　草田みかん

参考文献
『偏差値30でもケンブリッジ卒の人生を変える勉強』（あさ出版）

1章

偏差値30から人生が一変した!
早起きの"劇的効果"とは?

1

「朝5時起き」で頭がフル回転するように！

朝時間は、脳が一番冴えている！

朝は夜以上に勉強や仕事がはかどる――。これは早起きした人であれば、誰でも実感することでしょう。

脳科学の本でもたくさん紹介されていますが、**朝起きてからの2、3時間というのは「脳のゴールデンタイム」です。**寝ている間に私たちの脳は整理整頓され、朝起きたときには整備されたグラウンドのようにきれいな状態になっています。

このため、少々難解な本を読んでも内容がスッと頭に入ってきますし、良いアイディアが次々と浮かんできたりします。スピーディーに情報処理が進み、頭がフル回転するからです。

朝は脳のゴールデンタイム！

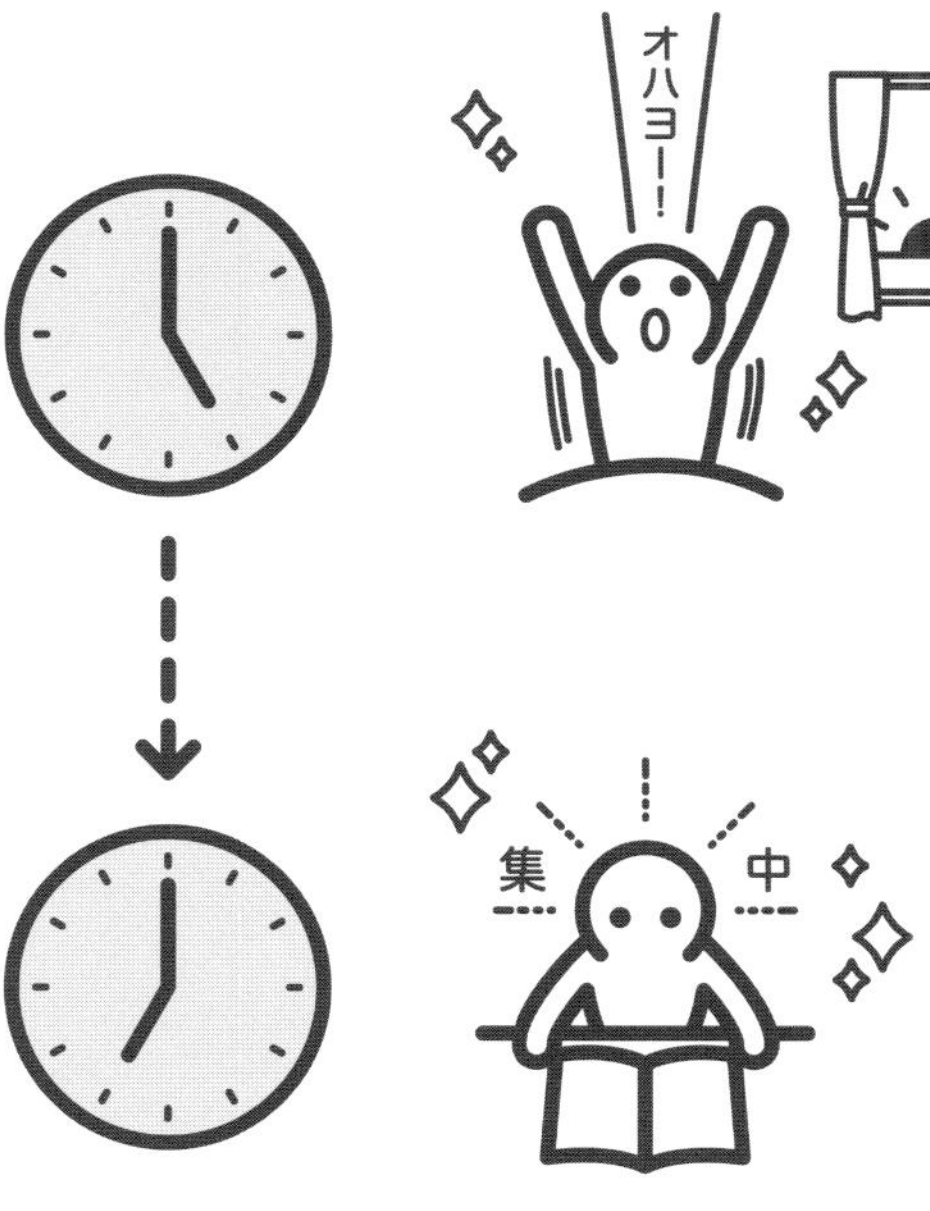

check

**集中力を発揮できるので
勉強も仕事も
スイスイはかどる♪**

朝時間の威力を知ってからは、率先して早起きし、集中して取り組みたい勉強や仕事をするようにしています。

「早起きの効果」を知ったのは高2のとき

今でこそ私は早朝に起きて、朝時間を有効に使えるようになりました。

でも、**高校時代は真逆の生活を送っていました。朝起きるのが嫌で、朝練のあるサッカー部を辞めたほどです。**「学校に間に合う時間ギリギリまで寝ていたい」そう思いながら、毎日バタバタと時間に追われるように過ごしていました。

高校1年時に全国模試で偏差値30台をとってからは、「どうせ自分には無理」「自分はダメな人間」このような思考に拍車がかかったのです。

そんな私が、早起きの手応えを知ったのは高校2年のときでした。謹慎処分を受けたことがきっかけとなり、生き方を見直すなかで早起きするようになりました。

早起きすると、俄然前向きな気持ちになり、自分の将来や進路についてじっくりと考える時間を持つようになりました。その後、大学受験の勉強を始めるにあたって、本格的に早起きすることになります。

◎受験勉強をスタートするも、夜は眠くて勉強できない

少しずつ勉強を始め、成績が上向きはじめた高3の春、大学受験することを決意しました。それまでまともに勉強してこなかったので、基礎が全くできていません。高校生向けの参考書を読んでも理解できないことが多く、中学生の参考書から勉強をやり直す必要がありました。日本史に至っては小学生が読む歴史の本を買って、復習していたくらいです。

この時点で国公立を目指すのはどう考えても現実的ではありません。かろうじて勝機があるとすれば、3教科のみ受験すればいい私大です。とはいえ、私の場合、ゼロどころかマイナスからのスタートですから、まともにやっていたら、どう考えても時間が足りません。

高校3年時から、予備校通いを始めましたが、通うことに精一杯で、予習はおろか復習することもままなりませんでした。

どれもイチから学ぶことばかりで難しく、学習スケジュールを立てても、計画通りに進みません。参考書を読むスピードも遅く、理解できないことだらけ、一つの単元を進めるのに人一倍時間がかかります。

20時頃に机に向かい、気づくと真夜中。でも、解けた問題は数問だけ、なんていうこともざらでした。毎晩、気合いで勉強しようとしたのですが、うまくいきません。もう何をどう学べばいいのか、わからなくなっていました。

自分の時間を棚卸しすることに

「このままではいけない」と思った私は、早起きして、勉強時間を捻出することにしたのです。早起きするに当たって、**まずは自分の予定を把握するために、バーチカルタイプのウィークリー手帳に、どの時間に何をするかを書き出しました。**

朝から夕方までは学校がある。学校の後は予備校の授業がある。となると、予備校で学んだことを復習する時間はどこにあるのか。そう振り返ったとき、私は復習する時間を全くつくっていないことに気づいたのです。新しい知識を増やしていっても、すぐに忘れてしまいます。

朝時間を効果的に使うために

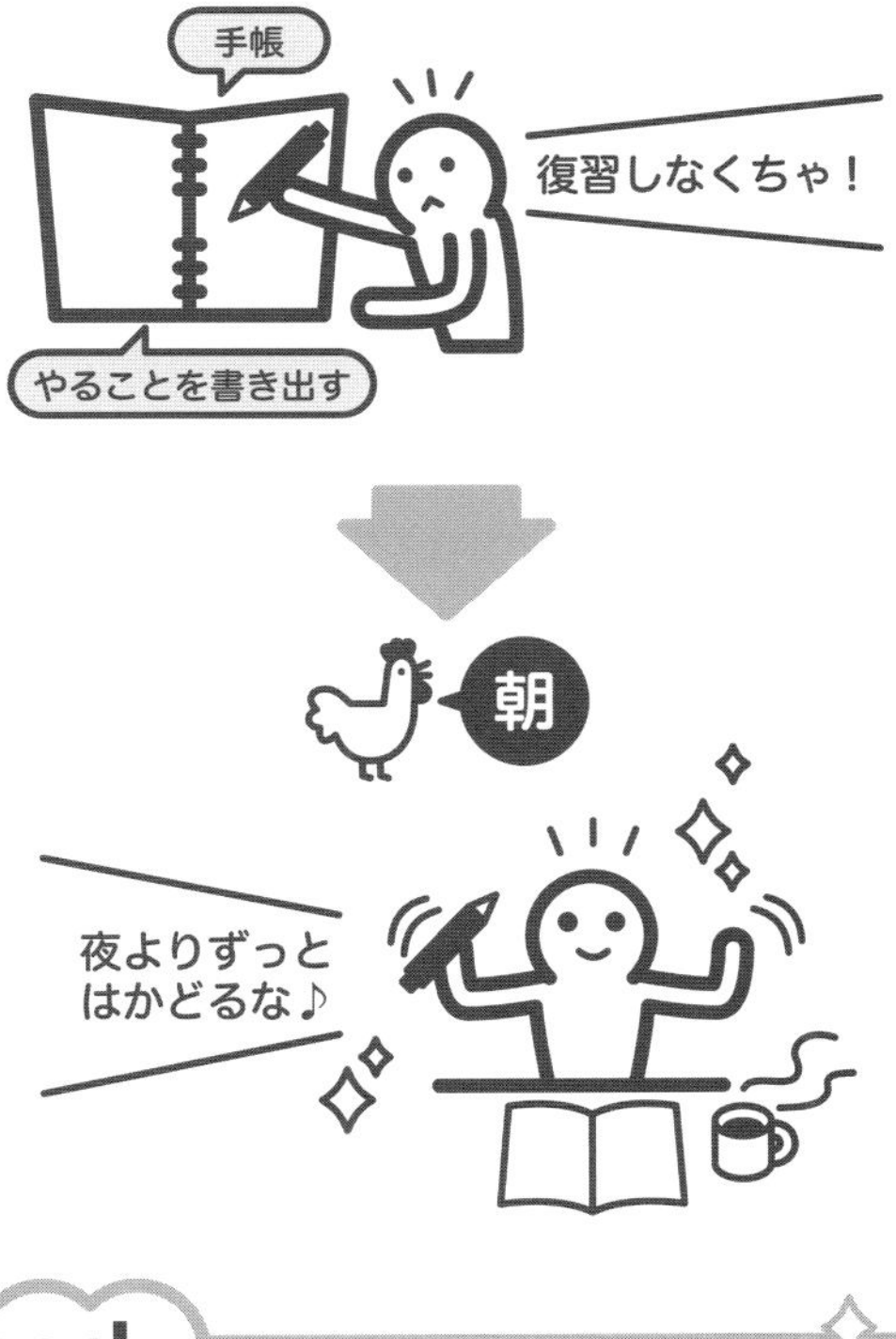

check

朝は復習に力を入れ、知識を定着させることに成功した！

本来、学んだことを知識として定着させるためには復習がカギを握っているのにです。学んでからすぐに復習したほうがいいので、週末にまとめて復習するのは避けたいところです。エビングハウスの忘却曲線によれば、20分後には42％が脳から消え去り、1日後には74％を忘れてしまうもの。

学んだことをスキルに変えるためには、いかに学びと復習のギャップを小さくするかがカギになります。そこで私は復習の時間を増やすならば、どう考えても朝時間しかないと思い、早起きを開始したのです。

早起き生活で、勉強がグングンはかどった！

朝、2時間は勉強したかったので、朝5時に起きることにしました。

初日は眠くて仕方がなく、眠い目をこすりながら、何とか机に向かいました。ひとたび参考書を開いてしまえば、不思議なことに、頭もしゃんとしてきます。俄然、集中力が増して、最初の30分はあっという間に過ぎていきました。

早朝の勉強効果は言うまでもありません。参考書の内容がびっくりするほどスイスイと頭に入ってきます。少々難しい問題もあきらめずに取り組めるようになりました。

当初は、復習の時間を確保するために朝時間を活用していましたが、その後は復習だけでなく、新しい分野の勉強に取り組んでいきました。

例えば、現代文や古文の文章題や英語の長文問題のように、集中して取り組む必要があるものを学ぶことで、成績を飛躍的に伸ばすことができました。

これはケンブリッジ大学の大学院を受験したときも同じです。英文小論文を書いたり、レベルの高い問題集を解いたりするときは、やはり朝が最適でした。

いまでも私は集中力を必要とするタスクは朝時間を使います。本の執筆も朝に限定して行なっています。朝はアイデアが次々とわき出してくるので、非常に有意義に時間を使うことができるのです。

2

「やればできる」という自信があふれ出す！

「行動してもうまくいかない」から抜け出せた

私が早起きすることで得たのは、勉強の効率アップだけではありませんでした。早起きは私に「自信」を与えてくれました。自分でやろうと考えた通りに朝時間を過ごしたことが、自信を生み出してくれたのです。

自信の根源には常に「行動」があります。行動によって得た「成果」が自分の期待していたものとマッチしていると、人は自分に自信を持てるようになります。

かつての私はこれとは逆で、行動しても成果が得られず、自信を失い続けていました。

行動すると自信がわく

✖ 寝ぼうを繰り返していると……

○ 早朝に起きられると……

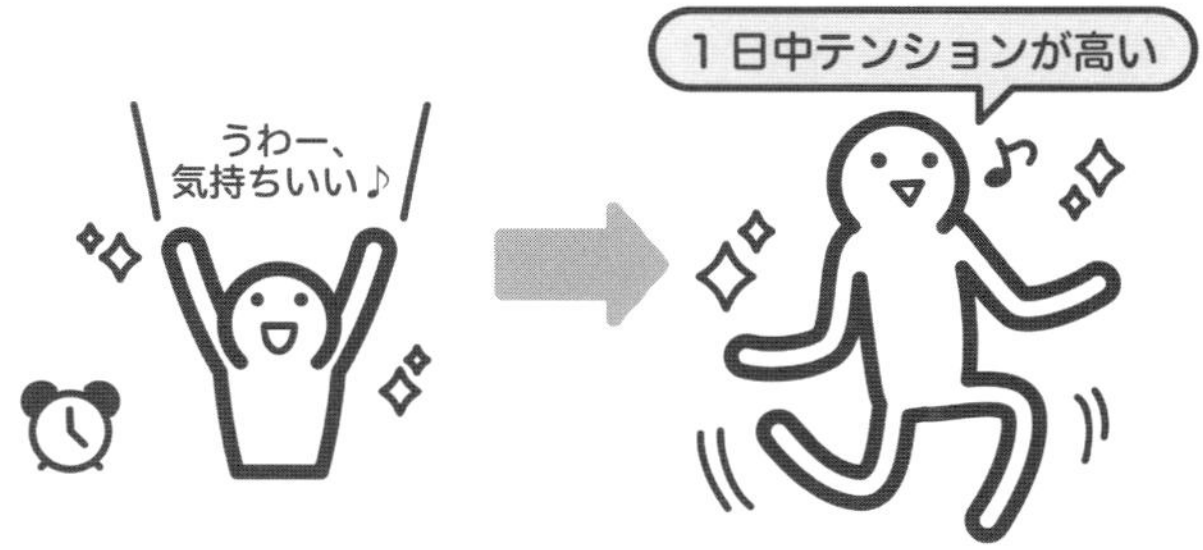

check

早起きすると
自信満々になれる♪

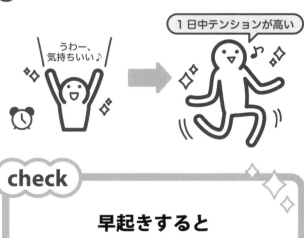

小学生時代から、塾を転々とするものの成績が上がらず、親をがっかりさせていたからです。当時の私は、「どうせ、何をやっても無駄だろう」「うまくいくはずがない」という気持ちでいっぱいでした。

これを心理学では「学習性無力感」というのですが、これが無気力状態を招きます。私がその典型で、勉強する意欲もわかず、毎日、フラストレーションを募らせていたのです。

人は「自分をコントロールできている」という感覚を失うと自信を失ってしまいます。**自信を持つには、「自分をコントロールできている」と思える体験を積む必要があります。**

早起きすることは、この感覚を養うのに最適です。朝早く起きるために、寝る時間を調節したり余暇時間を見直したりするなど、自分で意図して時間を管理するようになるからです。やることに追われ、流されがちだった状況が一変するのです。

時間を管理し、「1日をコントロールできている」という感覚をもてるようになると、「自分

をコントロールできている」という感覚がよみがえります。この積み重ねが自信を育んでくれるのです。

自信ゼロどころか、マイナス状態だった私は、朝5時という自分が決めた時間に起きることで、「何をやってもうまくいかない」と自分を否定する気持ちから、「やればできる」という気持ちに切り替わり、それが積極的に勉強する態度につながりました。

万年落ちこぼれで、偏差値30という低いセルフイメージのままでは、些細なことで挫折して、勉強するのをやめてしまったかもしれません。

でも、「やればできる」という経験を積み上げていくことで、「頑張れば、合格できるかもしれない」という希望が芽生え、走り抜くことができました。自信の持つ力は計り知れないものがあります。早起きにチャレンジすれば、その効果をすぐに体感することができるのです。

3 モチベーションが高まり、ラクに目標達成できる！

「いつやるか」で、成果の出方が一変する！

仕事や勉強で成果を出すためには、「何をするか（Ｗｈａｔ）」「どのようにするか（Ｈｏｗ）」「なぜそれをするのか（Ｗｈｙ）」「どこでやるのか（Ｗｈｅｒｅ）」「誰とやるのか（Ｗｈｏ）」を明確にすることは不可欠ですが、それと同じくらい**「いつするか」は重要です。**

私の場合、夜に勉強していたときは、まったくといっていいほど成績は上がりませんでした。

でも、勉強する時間帯を「夜」から「朝」に変えただけで俄然、成果が出たのです。

多少、荒っぽい言い方になりますが、夜の勉強を続けていると、たいした勉強効果を望めな

夜の頑張りは〝非効率〟

check

朝は「できる」という前向きな気持ちで取り組め、ドンドンはかどる！

いうえに、モチベーションが下がってしまいます。私がその典型でした。

なぜなのか？

帰宅して夕食を取った後、疲れた脳を無理やり叩き起こして、たくさん情報を詰め込もうとしても、脳はすんなりと受け入れることができないからです。食後は血糖値が上がります。血糖値が上がると人は生理的に眠くなります。

しかも1日の終わりは脳が疲れ切っていますから、新しいことを学んだり考えたりするのは難しいのです。こんなときに自分をムチ打ってもいいことはありません。

頭が思うように働かない状況下で、「やらなければならない」と自分を追い詰めてしまうと、ストレスを感じて「自己効力感」が低下し、モチベーションがガクンと下がってしまいます。

自己効力感とは、「自分に対する期待感」のこと。「できるんじゃないか」と思う感覚のことです。これは、状況を自分でコントロールできているときに感じる感覚で、**これが下がるとモチベーションも低下してしまうのです。**こうなると悪循環に陥ってしまいます。

◎モチベーションが高まり、好循環を生む

同じタスクでも、夜ではなく朝取り組むことで、「こんなに勉強がはかどった」「今日はやれる気がする」という感覚をもてるようになります。朝一番から良い気分でスタートできれば、1日中、高いモチベーションで過ごすことができるようになるので、まさに一石二鳥です。

これまでにたくさんの方々の目標達成のお手伝いをしてきてわかったのは、朝時間に勉強をやることにこだわった人は、成果を出す確率が圧倒的に高いということです。

早起きすることで、モチベーションが高まり、さらなる好循環を生むのです。

1日の始まりである「朝」をどのように過ごすかということは、1日の過ごし方全体を決めるほど大きな力をもっています。ぜひ、自分でやると決めたことや、やりたいと思っていることがあったら、朝の時間に取り組んでみてください。

4

「高パフォーマンス体質」になれる

早起きは「時間がない！」の特効薬になる

「忙しすぎて、自分の時間がもてない」
「資格の勉強を先延ばしにしている」
「ジムに行きたいけど、行く時間がない」

こうした「時間がない！」という悩みは、誰もが多かれ少なかれもっています。
こうした悩みを解消する手っ取り早い方法が、早起きなのです。
早起きすると、自然と時間への意識が高まります。

時間の使い方が見違える！

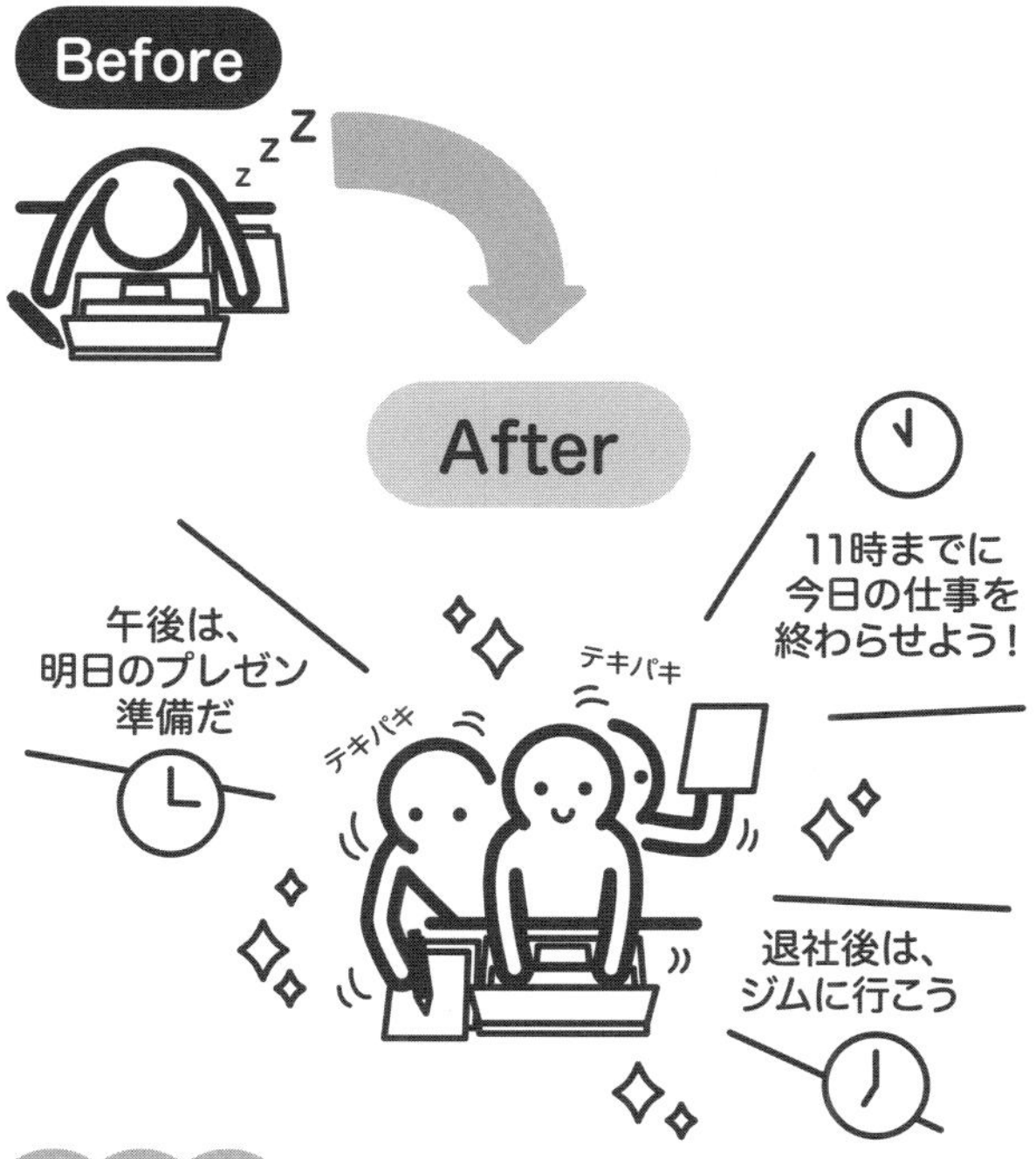

check

頭が冴えて
パワフルな
「最高の自分」になれる！

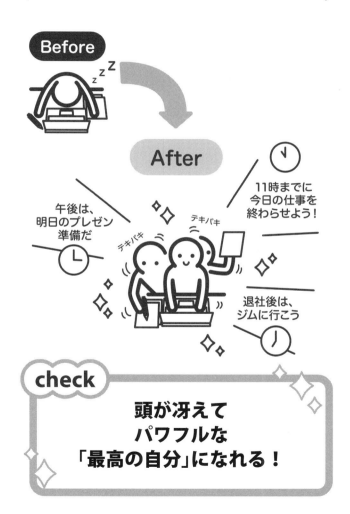

早朝は頭が冴えているうえに、意思力もみなぎっています。**読書や勉強、仕事などが、自分でもビックリするほどはかどるので、誰もが朝時間の虜になります。そして、「この最高の習慣をどうすれば続けることができるのか？」と考えるようになるのです。**

私の教え子である大学生のNくんは完全な夜型でした。Nくんによると「僕には夜型が向いている」とのこと。

でも、一度早起きに挑戦してみたら、その魅力に気づいたのです。

「ずっと夜型だと思っていましたが、朝のほうが断然頭が冴えますね！」

英語の資格試験の勉強に取り組んでいたNくんは、念願の資格試験で高得点を取ることができました。その後もずっと早起きを続け、自分のやりたいことに楽しみながら取り組んでいるそうです。

夜型生活を送っていると寝る時間がバラバラになりがちです。起きる時間は出社に合わせてセットされているので睡眠時間が一定しません。睡眠時間が減ると気分が優れなくなり日中のパフォーマンスにマイナスの影響を及ぼします。自覚がある方は、一刻も早く早起きにチャレンジしてほしいと思います。

なお、早起きするといっても、睡眠時間を削るわけではありません。

むしろ、きちんと睡眠時間を確保したうえで取り組むものです。仮に8時間睡眠が必要な人が5時に起きるのであれば、21時にはベッドに入ることになりますよね。**このように、寝る時間が明確になるのも早起きするメリットの一つです。**

なぜなら、「21時という締め切り時間に寝るにはどうすればいいか？」と普段から意識するようになるので、自然と「時間を効率的に使おう」という考え方に切り替わります。その結果、ダラダラ時間が減って、より有用な時間が生まれるのです。

朝時間を活用すれば、1日の時間の「量」は変わらなくても、時間の「質」が飛躍的にアップします。朝の30分は夜の2時間に匹敵すると言われるからこそ、たくさんのエグゼクティブが早起きをしている理由がわかりますね。

5

毎日が楽しくなり、ワクワクしながら過ごせる

朝時間の活用で、1日の使い方も変わる

毎日をワクワクしながら過ごせる――。

これぞ、まさに早起きがもたらす〝最大のメリット〟です。

誰もが「仕事に追われるだけの人生で終わりたくない」と思っています。

でも、夜は疲労困憊のあまり、倒れ込むようにベッドに入り、朝はバタバタと時間に追われながら1日を始める。

こんな毎日を送っているのが実情ではないでしょうか。「早く何かを変えなければ……」と

早起きで毎日が好転する♪

例えば……

check

**人生を楽しむゆとりができ
好循環になる**

焦りを感じつつも、具体的な手を打てず焦燥感を募らせている……。

こうしたジレンマを解消する手っ取り早い方法が〝早起き〟なのです。

仕事や学校に出かける前、1日の中でも最も質の高い朝時間に、ぜひこれまでやってみたかったけれども、まだ手をつけていないことを始めてみませんか。1日を自分主導でスタートさせるだけで、気持ちにハリが出るものです。

アーノルド・ベネットの『自分の時間』（三笠書房）にはこんな言葉があります。

『朝、目覚める。すると、不思議なことに、あなたの財布にはまっさらな24時間がぎっしりと詰まっている』

時間は誰にでも平等に与えられています。この時間の使い方で人生に大きな差がつくのです。

新しい世界に触れる楽しみも味わえる

最近、私は朝ゴルフを始めました。前々からゴルフに誘われることがあったのですが、朝時間の活用をパターン化していた私はゴルフにその時間を譲ることはありませんでした。

しかし、かつての自分を振り返ってみると、「朝時間に新しい取り組みを始めると、他のことも好転するようになったこと」を思い出しました。

そこで週1回ではありますが、練習場に行ってゴルフの練習をすることにしたのです。毎回、わずかながらも上達していく手応えを感じられるので、練習を終えたときにとても清々しい気持ちになれるのです。

このように自分の行動エリアの外にあった世界に足を踏み入れることで、新たな学びを得ることができます。

早朝にゴルフの練習に来ている人はお年寄りが多いのです。彼らは私よりも遥かに上手い。

私は力づくで思いっきり遠くにボールを飛ばそうとするので、球筋があちこちにぶれてしまいます。

しかし、近くで練習している方を見ていると、力む様子もなく軽々と望む方向へボールを飛ばしているのです。

考えてみれば力づくでドカンとやると瞬間的に力を発揮できますが、ヌケモレも多く、長続きしないものです。

気張りすぎず肩の力を抜いて取り組んだほうが、視野も広がり、着実に前進できるのかもしれません。最終的にはこうした取り組みをしたほうが、目的地に早くたどり着くことでしょう。

一気呵成に物事を推し進めがちな私にとって、新しい視点を得られたのはとても大きな収穫でした。

◎早起きする仕組みをつくれば、誰でも100%早起きできる

早起きをして初めてのことにチャレンジすると、新しい世界をたくさん知ることができるようになります。朝起きてからの1時間、2時間を自分のために使うことで、知的好奇心をくすぐることができて、毎日が楽しくなるのです。

早起きはあなたの明日をガラリと変える最強の方法です。

ぜひチャレンジしてみてください。

なお、早起きを習慣化する方法については、これから具体的にアドバイスしていきます。

「早起きは何度かチャレンジしたことがあるけど、うまくいかなかった」

こう話す方々は少なくありません。そこで、どうすればラクに早起きできるようになるのかについても、わかりやすくお話ししてきます。

早起きが続くためのコツさえわかれば、どんな人でもラクに早起きできるようになります。

本書では、心理学に基づいたメソッドを散りばめてお伝えしていくので、お楽しみに。

では、早速具体的な方法について見ていきましょう。

2章

パチッと目が覚め、起きたくなる!

早起きできる「心理法則」&「７つのメソッド」

1 早起きできる人、できない人は何が違う？

◎「早起き＝苦痛」という意識が強いとうまくいかない

早起きを習慣化している人とそうでない人は、何が違うのでしょうか。その差はほんのわずかです。実は、**「つらいけど、早起きしなくちゃ」という意識があるかないかの差に過ぎないからです。**

早起きできる人は、「早起きしたい♪」という気持ちのほうが強く、できない人は「つらいけど、早起きしなくちゃ」という気持ちを強く持っています。それが行動に表れるのです。

慣れないうちは何とか〝根性で〟早起きしようとします。**このように気合いで起きようとすると、「つらいけど、早起きしなくちゃ」という気持ちが強まってしまうのです。**

過剰なプレッシャーはモチベーションを下げる

例えば、「毎朝、５時に起きるぞ！」と紙に書いて貼ったり、「早起きして英語の勉強をするぞ」「絶対に資格試験の勉強をするぞ」と強く自分に言い聞かせたり……。

こうしたやり方は早起きが習慣化するまでは避けましょう。「頑張って早起きしよう！」と肩に力を入れれば入れるほど、早起きのつらさを想起してしまい、寝床から起きられなくなります。かえってモチベーションが低下してしまうのです。

「つらいけど、早起きしなくちゃ」という意識を上手に減らし「早起きしたい♪」という気持ちを育てることが、早起きできるようになる近道です。

◎「4つの秘けつ」で、誰でも早起きしたくなる！

現在、私は海外留学を目指す方々のために教室を開講し教えています。どなたも多忙なため、多くの方々が早朝の時間を使って勉強しています。

「どうしても早起きできない」と困っている方々にお伝えしているのが、「つらくない早起き」、すなわち「頑張らなくてもできる早起き」の方法です。

先ほどお伝えしたように、**「早起きしなくちゃ」という意識を減らすだけで早起きできる確率はグンと上がります。**

過去何度も挑戦し、上手くいかなかったという方でも「早起きしなくちゃ」という意識を減らすだけで、早起きできるようになったというケースも多々あります。ぜひ、あなたもこれからお伝えするやり方で、早起きにチャレンジしてみてください。

やることはとてもシンプルです。基本的なメソッドは次の通りです。

早起きできる人の共通点は？

✖ 自分にプレッシャーをかける

明日こそ絶対
早起きして
本を読むぞ！

○ 自分にプレッシャーをかけない

明日の朝は
買ってきた本
読みたいな〜

check

「早起きしなくちゃ！」と意識しすぎないほうがうまくいく

・「快の追求」をする
・自分と戦わない工夫をする
・睡眠の質を高める
・楽しい朝のルーティンをもつ

早起きしたら、やりたくないことをするのではなく、やりたいことをしましょう。

このように「快の追求」をしながら、「早起きすると楽しい」と思える状況をつくっていくことで、びっくりするほどあっさりと早起きできるようになるのです。

正しい方法論に則って取り組めば、誰でも早起きできるようになります。

頑張らなくてもできる早起き――。その秘けつをたっぷりとお伝えしていきましょう。

2 「自分と戦わない」ほうがうまくいく♪

質の良い睡眠をとれない問題をどうするか？

早起きを阻む原因はいくつも考えられます。

その一つが良質な睡眠を取れないことです。寝たはずなのに疲れが取れず、「もっと寝ていたい」という気持ちと必死に戦って起きなくてはならない。これでは早起きするのが苦痛になってしまいます。

良質な睡眠を取れない原因はたくさん考えられますよね。

例えば、飲み会に誘われて帰宅時間が遅くなってしまう、アルコールの摂取量が多くて睡眠の質が落ちてしまう、スマホで動画を見始めたら止まらなくなり眠れなくなってしまう、等々。

実は、誘惑物に接する回数が増えるごとに、眠りに就く時間が遅くなったり、睡眠の質が落ちたりして、早起きできなくなってしまうのです。

「誘惑物」に接する回数を減らそう

二〇一七年のカールトン大学のマリナ・ミリャフスカヤ教授とトロント大学のマイケル・インズリット教授は、159人の大学生を対象に研究を行ったところ、「目標達成率は誘惑物との接触回数に反比例する」ということがわかりました。

誘惑物との接触回数が少なかった人が最も目標を達成できたのです。目標を達成したかったら、そもそも誘惑物との接触をなるべく減らせばよいのです。

すなわち、「良質な睡眠を阻む誘惑物を避ける」と早起きに成功しやすくなるというわけです。

くれぐれも誘惑物に負けないようにセルフコントロールする（自制心を働かせようとする）のは避けましょう。モチベーションが一気に低下してしまうからです。

早起きを妨げる原因を取り除く

例えば、「ダイエットのために目の前にあるケーキを食べない」という選択をするということは、「食べたい」という本心を抑えつけている状態といえます。

このとき心に残るもどかしさがモチベーションの低下を招き、ダイエットへの意欲を奪う大きな原因となります。

大事なのは、セルフコントロールしなくてもいい環境に身を置くことです。

具体的には、目的達成を阻害する誘惑物が何かをハッキリさせ、それを避けることで早起きしやすくなるのです。

◯早起きを阻むものは何かを、はっきりさせる

例えば資格を取るために、早起きして勉強するとしましょう。

テキストを買い、早起きする時間を決め、学習計画もしっかりと立てた。ここまではバッチリです。あとは「誘惑物への対処」をすれば万全です。

事前に、「資格試験が終わるまでは飲み会に参加しない」と周囲に伝えておくのも一策です。

誘われなくなれば、「一回くらい行きたいな。いやダメだ」といった無用な葛藤を避けられるので、モチベーションも下がりません。

早起きを成功させるためにも、次の2点について自問してみましょう。

- **早起きを習慣にしたいと思ったときに想定される阻害要因は何でしょうか？**
- **あなたの睡眠を邪魔するものは何でしょうか？**

それぞれについて明確な答えを持ち、適切に対処しておくとよいですね。

◎「アルコール対策」と「スマホ対策」は必須

良質な睡眠を取るために、必ずしておきたい対策があります。

それが、「アルコール対策」と「スマホ対策」です。「アルコールを飲まない」「スマホを見ない」というように、その都度、決断する状況をつくると心残りができてしまい、モチベーションが下がります。

いずれも、事前に手を打っておきましょう。

「アルコール対策」でいえば、私はケースやセット買いをしません。

金銭面で考えると、1本あたりの値段が安くなってお得ですが、早起き習慣の観点からすると、デメリットが大きいのです。

目につくところに、おいしそうなパンが置かれていれば食べたくなってしまいますよね。これと同じで、お酒のストックがあると、ついつい「あと一本くらい飲もうかな」という気持ちになって、お酒に手を伸ばしてしまい深酒をする羽目になるのです。

だからこそ、「まとめ買いはしない」と決めることが大事です。そして、「その日飲む分だけを買う」ことにしておけば、たくさん飲みたくなるという誘惑に駆られることもなくなります。

このご時世、「スマホ対策」も必須です。

私は就寝時間よりも最低30分は早く〝スマホ就寝時間〟を設けて、スマホとは別々の部屋で寝るようにします。

つまり寝室には充電器を置かないのです。リビングに充電器をつなぎ、先にスマホを寝かしつけてから、自分も寝室に行くのです。これにより、スマホのライトや音に邪魔されないので眠りの質も高くなりますし、ダラダラとスマホを見て寝られなくなるという事態を避けることができるのです。

どんな些細なことであっても意思決定することで脳に負荷がかかり消耗します。

だからこそ、誘惑物を避けるための対処を事前に施し、その場で心が揺さぶられないようにする取り組みが功を奏するのです。

3

早起きが習慣化する「7つのメソッド」

「動機」「睡眠」「リズム」がキーワードになる

労せず早起きするための第一ステップが、「（つらいけど）早起きしなくちゃ」という意識を極力減らすことです。これで、すんなり早起きできるようになったはずです。あとは毎日、早起きを実践し、定着させていきましょう。

気を緩めると生活リズムはアッという間に崩れてしまいます。早起きを習慣化するには、早起き生活が上手く回っていくように、生活の仕方に一定のルールを持つとよいのです。

早起き生活を送るためのキーワードは、「動機」「睡眠」「リズム」です。

本章では、この3つのキーワードに光を当てて、乱れがちな生活を上手に整え、早起き習慣を継続するコツについて詳しくお話ししていきます。

では、具体的な説明に移りましょう。

メソッド 1

「快の追求」をする（動機）

早起きして「やりたいこと」をリスト化する

早起きするコツは、早起きは楽しいものだと思うことです。

早起き習慣が身についている人ほど、「早起き」を目的にしていません。

早起きは手段でしかなく、「ジョギングしたいから早起きしよう」こんな感じで、早起きする目的を持ち、楽しみながら起きているのです。

なお、目的の持ち方にはコツがあります。

私たちは、「快の追求」あるいは「不快からの逃避」、この2つの理由で行動を起こします。**目的を決めるときは、「不快からの逃避」ではなく、「快の追求」をもとに考えるのがポイントです。このほうがモチベーションが飛躍的に高まるためです。**

あなたにとって快だと感じることは何ですか。ぜひ、思いつくものを書き出してみましょう。ご参考までに一例を挙げておきます。

・ジョギングしたい
・買ったばかりの本を読みたい
・新しい英語のテキストを解きたい
・もっと英語長文の読解力をつけたい

早起きが楽しくなる秘けつは？

目的の持ち方に
コツがある

○ 「快の追求」をする

ジョギングしたい
から早起きしよう！

✕ 「不快からの逃避」

ジョギング
しないと太っちゃうから
早起きしよう……

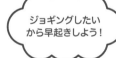

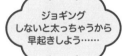

ワクワクすることであれば何でもいいのです。それを早起きする目的にしてみましょう。

ちなみに私は毎朝、原稿を書いているときはとてもワクワクしています。

どのような言葉で伝えると「これは面白い、やってみよう」という気持ちになるのかを一つひとつ考えるのが楽しいのです。読者の皆さんと対話ができるとっておきの時間であり、そこに遊びがあるのです。

朝はアイデアがあふれ出してくる貴重な時間なので、「早起きしないともったいない」と常々思っています。

さあ、あなたにとってワクワクすることは何なのかを探してみましょう。

朝、楽しいことがあれば早起きしたくなる——。この心理状況を作り出せばスムーズに起きられるようになります。

メソッド 2

睡眠の質を上げる（睡眠）

4つのポイントを押さえよう

気持ちのいい朝を迎えためのカギを握っているのは、質の良い睡眠です。ぐっすり眠れた後の目覚めは最高に気持ちがいいものです。

質の良い睡眠を取るためには夜の過ごし方は大事です。とくに眠る前の時間帯をどう過ごすのかが大事なのです。

私は睡眠とは1日の終わりではなく、次の日の始まりだと捉えています。**翌日、最高の朝を迎えるためにも、夜の過ごし方に意識を向けてみましょう。**

ポイントは次の4つあります。

・メラトニンと睡眠の関係を知る

・寝る直前に入浴しない
・食事時間に注意する
・カフェイン、アルコール摂取を控える

まず一つ目の、メラトニンと睡眠との関係について見ていきましょう。

いい眠りを得るためには、メラトニンの働きが重要だといわれています。メラトニンは、体内時計の調節に関係するホルモンで、夜間に多く分泌されます。でも、強い照明を浴び続けていると、体内時計の働きが乱れてメラトニンの分泌が抑えられてしまいます。その結果、良質な睡眠がとれないなどの困った状況を招くのです。

メラトニンをきちんと分泌させるためにも、なるべく寝る少し前から部屋は暗くして光を浴びないようにしましょう。

スマホやテレビの光も好ましいものではありません。とりわけスマホ対策は、意識して行いたいところです。そばに置いておくと、どうしても手にとって見たくなりますよね。

ぐっすり眠れるサイクルをつくろう

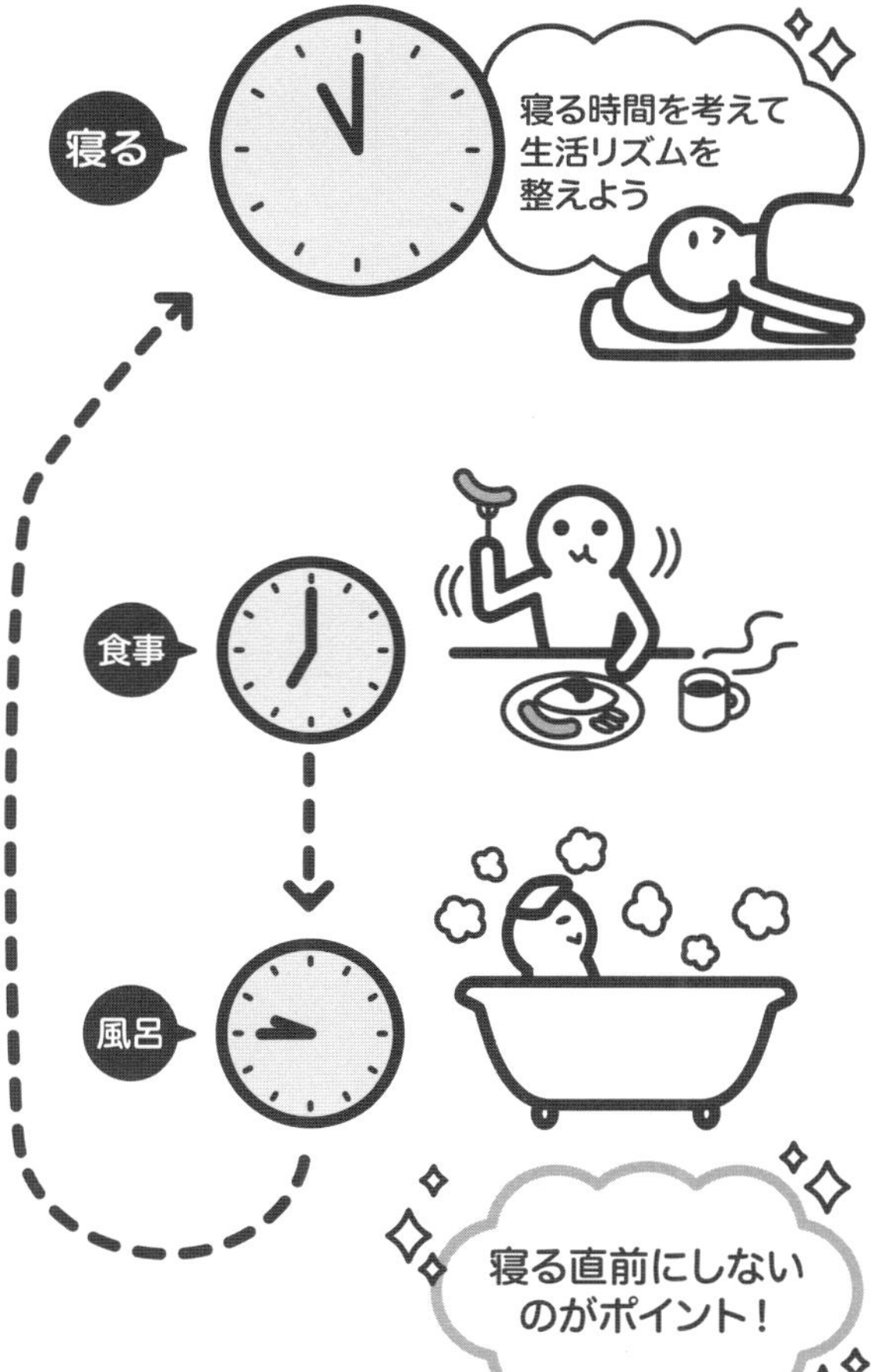

先述したように、私は寝室にスマホを持ち込みません。脳がおやすみモードに入ろうとしているときに新たな刺激を与えてしまうと落ち着いて眠りに入ることはできないからです。その意味でも、スマホを見ない環境をつくることは大事だと考えています。

さて、話を元に戻しましょう。メラトニンは夜になると分泌量が上昇し、深部体温を下げるなどの働きをして、質の良い眠りをもたらしてくれます。眠くなると手先や足の裏が温かくなりますよね。あれは深部体温を下げるために、熱を放出しようとして体の表面が温かくなるのです。

その意味では、就寝前の入浴も注意が必要です。入浴すると体温を高めてしまって眠気が覚めてしまいます。できれば寝る直前の入浴は避けて、体温を下げてから床に就くようにするとよいでしょう。

以上、メラトニンの働きを妨げないコツについて見てきました。

次のポイントは食事時間です。食事をすると催眠効果があるレプチン、通称「満腹ホルモン」

が分泌されるため眠くなります。しかし、そのまま入眠すると、お腹の中では消化活動が活発に行われるので体も脳も休めなくなります。その結果、いくら寝ても疲れが取れない、回復しないという状況を招くことがあります。

私は、どんなに忙しくても、食事は20時ぐらいまでにすませます。その後、小腹がすいたときは野菜をとるようにしています。慣れてくると、軽い食事でもお腹がすかなくなりますよ。多忙だとは思いますが、食事をとる時間帯を少しでもいいので前倒しにするよう心掛けてみてください。

夕方以降は覚醒を促すカフェインの摂取や、就寝直前のアルコール摂取は控えましょう。とくにアルコールを摂取すると心拍数が上がって呼吸が荒くなりますし、夜中にトイレに行きたくなったり、脱水症状を招いたりします。

ぐっすり寝て、すっきりと目覚めるためにも、夜の時間にあまり自分に負担をかけないように意識してみてください。

メソッド 3

「睡眠ノート」を書く（睡眠）

「明日やること」を書く効果とは？

寝ようと思っても寝つけないときは誰にでもあります。体は疲れているのに脳が睡眠モードに入らないのです。そんなときは、大抵が考えごとをしているときです。

私たちの頭の中には様々な事柄がぐるぐると回っています。このため、ふとした瞬間に意識の中に舞い戻ってきて、睡眠の妨げとなることがあるのです。

これを防ぐために効果的なのが、寝る前に頭の中にあるものを全て取り出す作業です。

書き方のコツはいろいろあるのですが、睡眠前に書くことは共通しているので、私はこれを「睡眠ノートを書く」作業と位置づけ、受講生の方々にお勧めしています。

具体的には、就寝前の５分間「明日やることを書く」と良いのです。この行為が効果的であ

「眠れない」を防止するコツ

「睡眠ノート」をつけよう

「明日やること」や
「不安、イライラなどネガティブな気持ち」
を書き出す

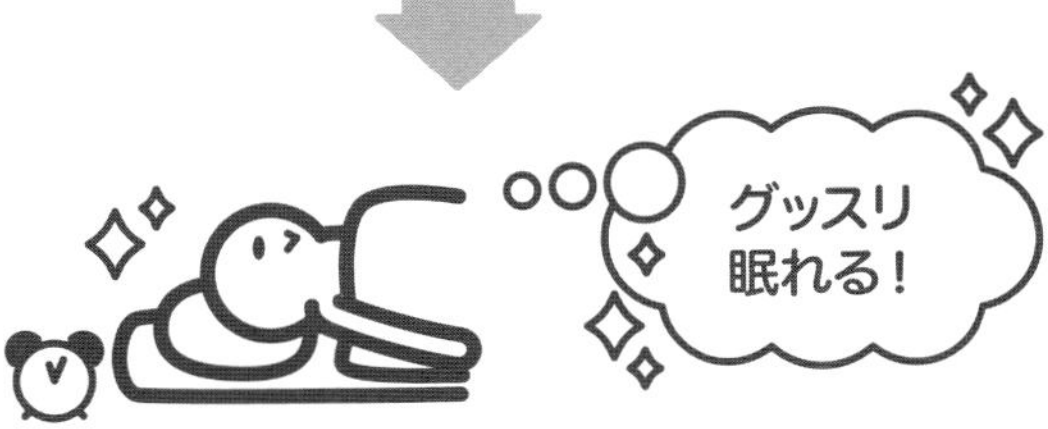

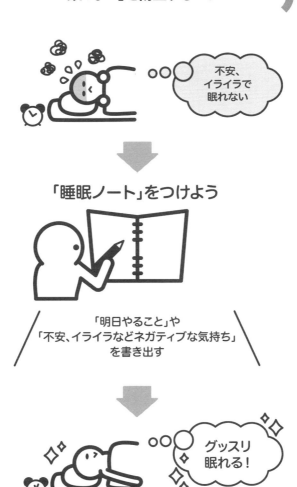

ることが、二〇一七年のベイラー大学のスカリン博士のチームの研究でわかっています。

ポイントは、今日1日を振り返るのではなく、明日やることを書き出していく点です。ベイラー大学とエモリー大学が57人の若い成人を対象とした研究を行なった結果、就寝前に「やることリスト」を書いた人は、「今日何をやったか」を書いた人よりも圧倒的に眠りに就くのが早かったのです。

リトアニア出身の心理学者ブルーマ・ツァイガルが提唱した「ツァイガルニク効果」について知っている人もいるでしょう。ツァイガルニク効果とは、「人は達成できなかった事柄や中断している事柄のほうを、達成できた事柄よりもよく覚えている」という現象を指しています。

つまり、**「もうやったこと」よりも「まだやっていないこと」のほうが脳に残りやすいのです。**

ひとたび、やっていないことを考え始めると気になり、思考が堂々巡りしてしまい、眠れなくなってしまうのです。

「明日やること」を書き出す作業で、心残りがある状態に終止符を打つことができます。その結果、夜中に目を覚まして困る、という事態を避けられるのです。

ベッドの中で考えごとをし始めたときや、寝つけないときはベッドを出ましょう。

そして、「明日やること」をどんどん書いてみてください。びっくりするくらい頭の中がすっきりとして気分良く眠れるはずです。

ネガティブな感情を書くとスッキリする

なお、考えごとと同じように睡眠を邪魔するものに感情があります。

感情を抑え込んで感じないようにすると、ふとしたときに幽霊のように現れて睡眠を妨害することがわかっています。

二〇一七年、イースト・ロンドン大学のマリノウスキ博士の発表によると、特にポジティブな感情よりもネガティブな感情の抑圧のほうが睡眠に影響を与え、不安感を煽るということがわかっています。

寝る前に、日中感じたネガティブな感情を、はき出しておくことは効果的なのです。ネガティブな感情を赤裸々に自由に書き綴ってみると相当な効果があります。たとえば、

「明日のプレゼンはとても不安だ。プレゼンの成否で受注してもらえるかどうかが決まってしまう。失敗したらどうしようと、悪いことばかり考えてしまう」

「今日はミスをして部長を怒らせてしまった。明日は怒りが収まっていたらいいんだけど、どうなんだろう」

「最初はうまくプロジェクトが進んでいたけど、どこかで歯車が狂った気がする。でも、何がおかしいのか、モヤモヤする」

こんなふうに、ネガティブな感情を洗いざらい書き出すと、不思議と心が落ち着いて、それ以上、頭の中をグルグルと駆け巡ったりしなくなります。

メソッド 4

睡眠時間を手帳に書く（リズム）

○放っておくと、睡眠時間はどんどん減ってしまうから

早起き生活を上手に回す上で重要なのが「睡眠時間の確保」です。
睡眠時間は意識して確保しておかないと、どんどん減っていってしまいます。

そこで、私は睡眠時間も手帳に書き込むようにしています。

毎日、何時に寝て、何時に起きるのか、こんなシンプルな予定でいいのです。できるだけ、この時間帯は固定化したほうがいいですね。体が自然と寝る時間を覚えれば、スッと眠れるようになり、良い睡眠リズムを得やすくなるからです。

最高のパフォーマンスを引き出すために質の良い睡眠は不可欠です。なし崩し的に時間を浪費しないためにも、手帳に書き込むメリットは大きいのです。

手帳は他人との約束を書いておくのが一般的です。でも、睡眠時間のようなプライベートな時間も書き込むことで、自分の時間をちゃんと確保できるようになるので、ぜひお勧めしたいのです。

私は大学受験時代から、ウィークリー手帳のバーチカルタイプでスケジュールを管理しており、ケンブリッジを受験するときも活用しました。

今でも睡眠時間は、ウィークリー手帳のバーチカルタイプで管理しています。

マンスリー手帳だと、どんな予定があるのかしか把握できず、細かな時間の使い方に意識が向きにくいのですが、ウィークリー手帳だと、一週間の時間の流れを見開きですぐに確認できるので、時間管理を徹底できるのです。

良い睡眠は身体的、精神的、感情的な回復を促してくれます。エネルギーいっぱいの状態で朝を迎えられるようになる最高の自己投資ともいえるのです。

メソッド 5

起きる時間を固定する（リズム）

体内時計を一定に保つ

私たちは何時間寝るのがベストなのでしょうか。8時間がいい、9時間がいいといった見解もあれば、睡眠は90分サイクルだから90の倍数の時間寝るのが良いという見解も耳にします。結局のところ最適な睡眠時間は人によって異なり、答えが決まっていないと考えるのが妥当ではないでしょうか。

私は基本的に6時間睡眠がパターン化しています。最近では23時半に寝て、5時半に起きるというパターンです。今では5時半になるとパッと目が覚めるほど、私の身体に染みついています。

サーカディアンリズムという言葉を聞いたことはあるでしょうか。いわゆる体内時計のことですが、私たちは通常、朝起きて昼活動し夜眠るという、約24～25時間のリズムで生活しています。このリズムをサーカディアンリズム、または概日リズムと呼んでいます。

毎日、日光を浴びるとリセットされて1日のリズムが一定に保たれるようになっていますが、不規則な生活を続けると、このリズムが崩れてしまい、睡眠にもダメージを与えます。

例えば6時間眠ると決めたら、それ以上は寝ないこと。そして、起きる時間も固定するのが理想的です。このように毎日の睡眠パターンを固定化すると、身体もそれに併せて回復するようになっていきます。

なお、意思力は睡眠を取ると回復するとされています。一般的に6時間未満の睡眠は意思力の回復を妨げる可能性があるとされているので、6時間を最低ラインとして、自分にとってベストな睡眠時間を探すことをお勧めします。

○夢を見ながら、目が覚めるのはＯＫ

目覚ましが鳴ったとき、まだ夢の中にいる……、こんな体験をしたことはありませんか。これはレム睡眠という浅い睡眠時に多く起きる現象です。覚醒時に、レム睡眠になっていたら、スッキリと目覚められる可能性が高いのです。

逆に、夢も見ずにぐっすりと寝込んでいるときはノンレム睡眠の状態です。睡眠時間の中でも深い睡眠状態にあり、脳が休息したり、成長ホルモンが分泌されているときといえます。**起床時にノンレム睡眠の状態になっていたら、起きる時間や寝る時間を調整する必要がありますね。**

例えば23時半に寝て、6時に起床すると決めたとします。これを3日続けてみて、あまりにもきついようであれば、若干調整してみましょう。

大事なのは起きる時間を固定すること、それに合わせて寝る時間を調整しましょう。

最初からベストな睡眠の解を求めることは難しいのですが、起床時間はコロコロと変えずに固定して、最適な睡眠時間のあり方を探してみましょう。

メソッド 6

休日も同じ時間に起きる（リズム）

1時間程度、遅く起きるならOK

休みの日はいくらでも時間があるように感じて、ゆっくり眠っていたいと感じることもあるでしょう。

でも、休日もできるだけ同じ時間帯に起きましょう。そうしないと体内時計が狂ってしまい、後々の起床時間に影響を与えてしまうからです。

例えば、平日朝6時に起きている人が、10時に起きたりすると、身体の中が時差ぼけ状態になってしまい、月曜日の朝がつらくなってしまうでしょう。これでは一週間のスタートが滞ってしまいます。休日の朝であっても、平日の起床時間よりも大幅に遅く起きるのは避けたいところです。

とはいえ、少しでも疲れを取りたいと思うときもありますよね。**経験上、1時間程度、遅く起きるぐらいであれば問題はないように感じます。**

私がアドバイスしてきた方々の中で、成果を出している方は必ずと言っていいほど、週末も平日と同じリズムで睡眠と起床を繰り返しています。

なお、寝だめにも注意してください。平日は早起きできているにもかかわらず、なぜか月曜日と火曜日は集中力を維持できず、日中の能率が落ちてしまう人がいます。

その原因の多くが週末の寝だめにあることは少なくありません。寝だめをしても、疲れを解消することはできないと睡眠の研究でもわかっています。

私たちの体は一定のリズムを保とうとしています。起床時間を守り、いつも同じパターンで過ごすことで、脳と体のコンディションを一定に保つことができるのです。

メソッド 7

楽しいルーティンを持つ（リズム）

自分の好きなことをしてみよう

早起きをする人の特徴のひとつは、毎朝のルーティンを持っているということです。

スターバックスを世界的なコーヒーチェーンに育て上げたハワード・シュルツさんは、朝4時半に起きてから、まず美味しいコーヒーを淹れることから1日をスタートさせます。

「世界中のどこにいても、毎朝5時には起きるようにしています。早起きをすると、運動をしたり、家族と過ごしたりできて、仕事にとりかかる前に自分がとても良い状態になります」

こう言ったのヴァージン・グループCEOのリチャード・ブランソンさんです。

いきなりタスクに取りかかったりせずに、自分の好きなことをするなど、自分の心を満たしてエンジンをかけていきます。ワクワクさせてくれるルーティンを意識的に持っているのです。

私も、朝起きていきなりエンジンをかけたりしません。寝る前から「明日の朝はアッサムの紅茶を飲むぞ」「アールグレイを飲むぞ」と決めています。お気に入りの紅茶はその時間帯にしか飲まないとも決めています。美味しい紅茶を飲むという簡単な行為であっても、自分にとって好きなことであれば気持ち良く目覚めることができるのです。

バラス・フレデリック・スキナーが提唱した「オペラント条件づけ」を知っていますか。スイッチを押すとエサが出てくる仕掛けの箱にネズミを入れ、スイッチを押すとエサが食べられるという体験を繰り返すと、ネズミはスイッチを押すことを学習するようになります。

「報酬を与えられると、自発的に行動するようになる」という理論を私たちにも当てはめてみてもいいでしょう。

ここでは朝のルーティンが報酬に当たります。ワクワクするようルーティンを持つことで、積極的に1日をスタートさせることができるというわけです。

チョコレートが好きな人であれば、早起きをしてデパートで買ったチョコを1つ口に入れてじっくりと味わうのもいいでしょう。

あるいは好きなアーティストのPVを見るのもいいかもしれません。

犬好きな人にとっては、朝公園でペットの犬と少し戯れる時間も最高の報酬になるでしょう。

あなたにとって幸せを感じるルーティン、心が満たされるルーティンは何でしょうか。早起きを継続させていくためのカギは楽しいルーティンが握っているともいえるのです。

起床後、すぐにやることを決める

check

**幸せを感じる
ルーティンがあると
起きたくなる！**

3章

〝軽々〞と起きられる!
今日からできる
6つの
「早起きトリガー」

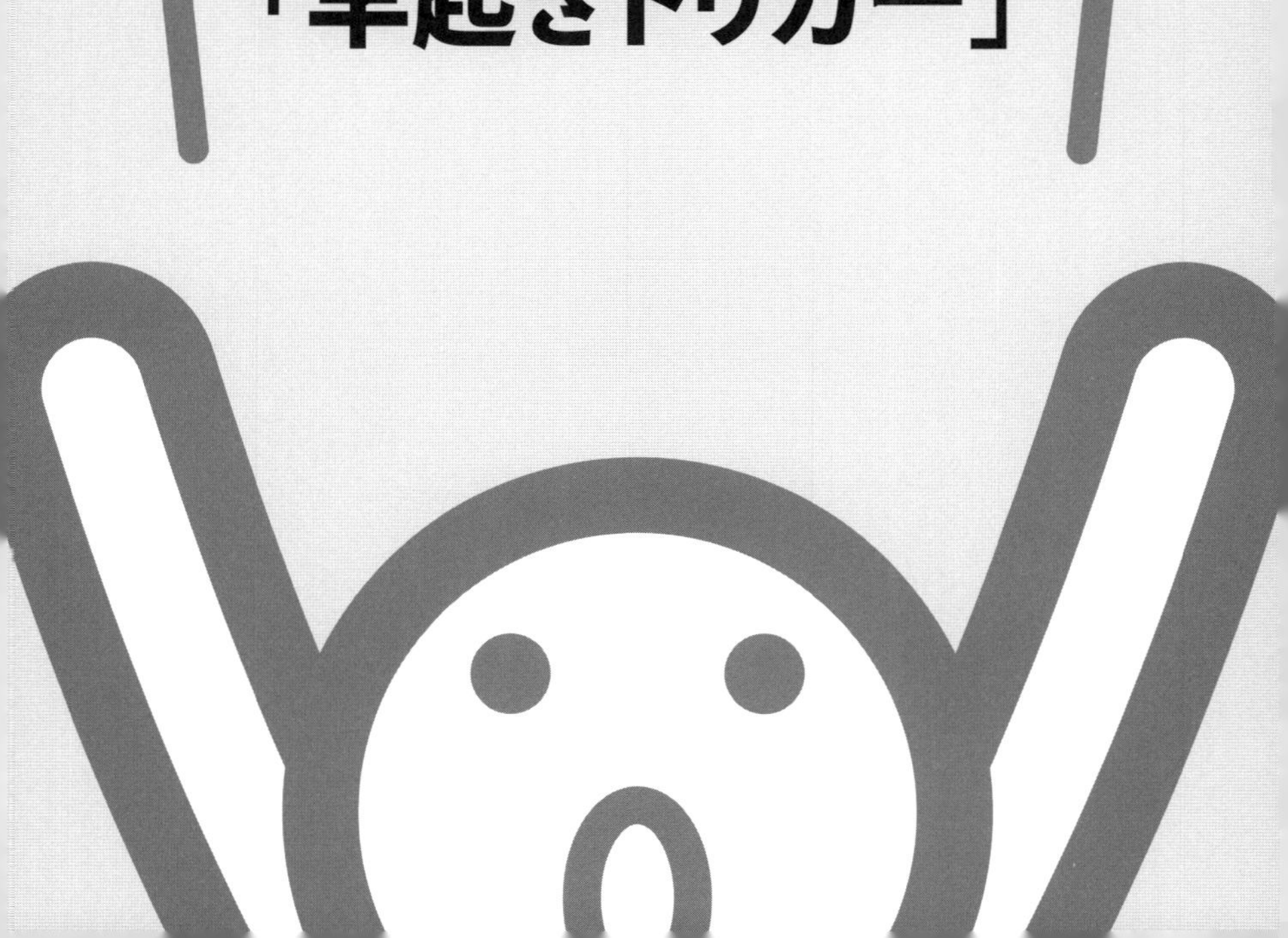

1 パッと起きられる！効果的な方法とは？

ラクラク早起きモードになれる

前章では、「早起きしなくちゃ」という意識を減らし、すんなり起きられるようになるコツをたっぷりお伝えしました。

本章では、**さらに一歩進んで「早起きしたい！」という気持ちになり、ラクラク起きられるようになる仕掛けを紹介していきます。**

それが「早起きトリガー」です。トリガーとは「引き金」のこと。効果的な働きかけにより、私たちの心理に一定の影響を与え、行動を促してくれるものと考えるとよいでしょう。

本書で紹介する「早起きトリガー」を活用すれば、「早起きしたい」という気持ちが自然と

コレで「早起きモード」になれる！

育まれ、パッと起きられるようになります。

ポイントは理性ではなく感情を動かすこと。

早起きするには、心の底から「したい」と思える状態になることが大事なのです。

生活の中に、「早起きトリガー」を組み込むことで、知らず知らずのうちに「早起きしたい」という気持ちが無意識に刷り込まれていくことでしょう。

いずれ、それほど意識しなくても、早起きできるようになるはずです。

これから紹介する「早起きトリガー」はすでに大勢が試し、その効果もお墨付きです。

ぜひあなたも、「早起きトリガー」を活用して、心地よく目覚め、好きなことに朝時間をたっぷりお使いください。では、具体的な説明を始めましょう。

効果的な早起きトリガー

「好きな飲み物」を用意する

「早起きカレンダー」を作る

「起床後」のルーティンを持つ

寝る前に「明日の目標」を立てる

新しいことを始めてみる

寝る前にストレッチする

check

日増しに
「早起きしたい」という
気持ちが育つ♪

トリガー 1

「好きな飲み物」を用意する

瞬時にパワーがわいてくる♪

これは、「早起きしたい！」という気持ちになれる手っ取り早い方法の一つです。

朝のワクワクづくりの一環として、私は大好きな紅茶を飲むようにしています。

ちょっとしたことですが、**「飲みたい！」という気持ちが勝って、パッと起きられるようになるのです。**

ケンブリッジに住んでいたとき、重要な試験の前には必ず好きな紅茶を飲んで気合いを入れていました。

紅茶は香りが良くてリラックスできます。リラックスできると、自然と「よし頑張ろう」という気持ちがわいてきて、サッと行動できるようになります。こうした一連の好循環を身体が覚えてくれるので、大好きな紅茶の香りをかぐだけで、すぐに行動するモードになれるのです。

今でも朝、好きな紅茶を飲むという習慣はずっと続いています。

毎日同じ味では飽きるので、アールグレイだったり、アッサムだったり、はたまたダージリンだったりと変化はつけますが、その日の気分に合った紅茶をセレクトして香りと味を楽しみます。すると脳にカチッとスイッチが入って非常に集中して取り組めるのです。

紅茶やコーヒーなどの香りの強いものは鼻腔を通って脳に刺激を与えてくれるので、スイッチが入りやすいのです。もちろん、これ以外のものでもＯＫです。

大事なのは、あなたが心から好きだと思える物を選ぶこと。

あなたにとって、心のスイッチがオンになる飲み物や食べ物は何ですか？

カチッとスイッチを押してくれるものはきっとあります。ぜひ探してみてください。

トリガー 2

「早起きカレンダー」を作る

記録するとやる気が増す

早起きすると決めたら、専用のカレンダーを作って、できた日を塗りつぶしていきましょう。
私の場合、早起きに限らず、「やろう」と決めたことに取り組むとき、小さな卓上カレンダーを用意して、実施した日を塗りつぶしています。

例えば、「毎日腹筋を30回やる」と決めたら、専用の卓上カレンダーを用意して、実行した日はペンで塗りつぶします。**このように自分の頑張りを「見える化」するのです。**

これを見える場所に置いておけば、塗りつぶされていくカレンダーを目にすると嬉しくなり、「またやりたい！」という気持ちになれるのです。

些細なことですが、この「記録する」という行為が強力なモチベーションを生みます。

塗りつぶした領域が増えていくと、「これだけ続けているんだな」ということが直感的にわかるので満足感が得られます。

同時に色が歯抜けになると気持ち悪いので、そうならないようにしよう、と自分を戒める気持ちもわいてきます。カレンダーを毎日、塗りつぶす快感はクセになります。

些細なことですが、こうした行為の積み重ねが早起きするときのエンジンになるのです。

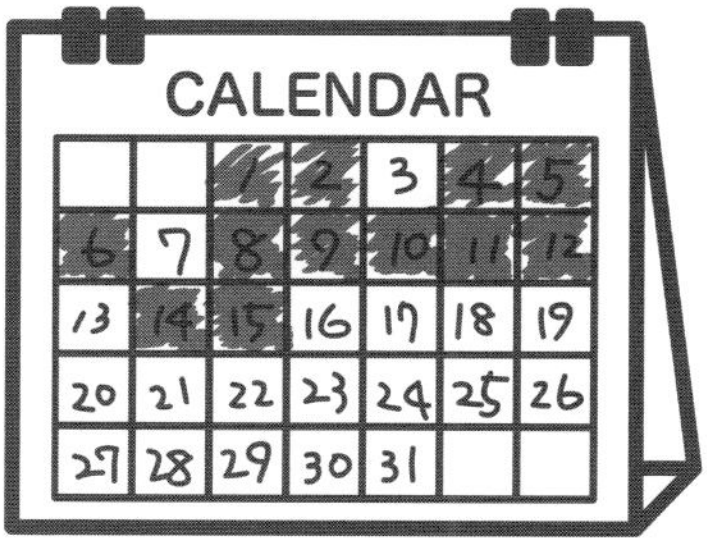

○記憶に頼らず、しっかり記録することが大事

アメリカの認知心理学者エリザベス・ロフタスのＴＥＤでの「記憶のフィクション性」についてのプレゼンテーションは有名ですが、彼女の実験では、事故現場の写真を２つのグループに見せました。

一つ目のグループには「ぶつかった」と説明し、もう一方のグループには「激突した」と説明したところ、「激突した」と説明したグループのほうが車のスピードを速く言った上に、窓ガラスが割れているとまで話したといいます。

実際には、窓ガラスは全く割れていないのにです。私たちは知らず知らずのうちに、勝手な解釈を加え、都合のいいように記憶をゆがめてしまうのです。

「記憶はそもそも歪むもの」という前提に立てば、やはり記録する意義は大きいのです。せっかく早起きを続けているのに、何回か起きられなかっただけで、「やっぱりダメだ」と思っていませんか。コツコツと早起きしている自分の努力をちゃんと認めてあげていますか。

日々の取り組みを記録し、見える化することで「自分はできるんだ」と思える自己効力感が高まり、「すぐやる」パワーもわいてきます。ぜひ、卓上カレンダーを用意して記録する作業を始めましょう。

トリガー3

「起床後の行動」を決める

一定の行動パターンが、早起きリズムを生む

「習慣化する」とは「選択肢をなくすこと」といえます。いちいち考えなくても自動的に動けるようになるわけです。朝の行動パターンを確立すれば、起きた後の一連の行動が、自動的にその日のプログラムの一部になるのです。

現在、私は5時半に起床し、起きたらカーテンと窓を開けて、ちょっとの間ボッーとします。窓を開けて新鮮な空気を胸いっぱい吸い込むのです。その後、シャワーを浴びて、お気に入りの紅茶かコーヒーを飲みます。この習慣は絶対に変えません。

6時になったら、執筆か読書を開始します。だいたい7時半頃になったら少し休憩がほしくなるので、散歩をするかジムへ行きます。

このように、起きてから2時間後くらいに体を少し動かすのもルーティンの一つです。運動をすると酸素が全身に行き渡るので脳がすっきりします。幸せホルモンと呼ばれているセロトニンも分泌され、夜の眠りの質も向上するのでこれも外せません。

体を動かしたらそのままカフェへ。あまり混雑していないところを選んでいます。いくつかお気に入りのカフェがあるのですが、これも自分の中では「いつも」のパターン。執筆など、何かに集中して取り組みたいときは、「この場所なら絶対に集中できる」という安心感があることが大事なのです。

家を出る時間を早めたり、オンライン英会話を受けてみる

皆さんも朝の行動パターンを持ってみてください。**とくにお勧めしているのが、「朝、家を出る時間を1時間早めること」です。**

きっと通勤途中で目にする景色が新鮮に感じるはずです。その1時間を会社の近くのカフェに行って、英語や資格の勉強をしてみるなど、やりたいことに使ってもいいのです。

このほか「早朝のオンライン英会話のレッスン」に取り組むのも一策です。

オンライン英会話とはスカイプなどのテレビ電話アプリを使って海外に住んでいる外国人と英語のレッスンを格安で受けられるサービスです。

月々5000円ぐらいから始められて30分程度のレッスンを受けられるなど、充実した内容のサービスが提供されています。

例えば、毎朝6時から30分間、英会話のレッスンの予約を入れておくと強制力も働きますし、それに伴って朝時間を効率よく使えるようにもなります。

早朝にオンライン英会話を受けるもう一つのメリットは、コミュニケーションを取ることで活力がわいてくるという点です。

私たちは何らかのコミュニティと繋がっているということを実感できると気持ちが前向きになるのです。このため私はカフェに入ると、意識的にいつもの店員さんと挨拶したり、ちょっとした会話を交わしたりするようにしています。

これだけでも、パッとスイッチが入って元気になれるのです。

最後に、起きる時間の決め方についても触れておきましょう。時間の決め方次第で、やる気度が見違えるからです。

例えば「1時間早く起きる」という決め方をすると、あまりやる気が出ないのではないでしょうか。一方、「家を出る時間を1時間早める」にするとどうでしょうか。実質的にやることは同じですが、**明確な目的があるという点で後者のほうが「起きよう」という気持ちになれるのではないでしょうか。**ぜひ、起きるときの目的を一緒に考えてみてください。

「いつもの朝」の行動パターンのヒントをいくつかお話ししました。ぜひ、あなたがやってみたいと思う行動パターンを見つけて、早起きリズムを上手に回していきましょう。

トリガー 4

寝る前に「明日の目標」を立てる

期待感を高めて起きる！

気合いで起きるのではなく、起きたくなるような仕組みを作りましょう。その有効な方法が「目標を持つこと」です。

ぜひ「明日もやってみたい」と思える目標を持ってみましょう。明日への期待感があればあるほど気持ちが前向きになり、スッと起きられるからです。

目標を立てるときは、「しなければならない」といった外圧的なものではなく、「やってみたい」「自分にできそうだ」と心底思える内容にしましょう。

「自己効力感」が高まると達成度も上がる

目標の立て方にもコツがあり、立て方次第で、実行度にも差が出ます。ポイントは自己効力感が高まるように目標を立てるとよいのです。

この「自己効力感」とは「自分ならできる」という自分への期待感のことで、物事を成し遂げる上で大事な役割を果たします。自己効力感が高まると、進んで努力し、達成への道のりを楽しむことができ、結果も出やすくなるといわれています。

早起きする目標を決めるときも、「自分ならできる」「やってみたい」と思える目標を持ちましょう。それに呼応するかのように、自己効力感も高まって達成できる確率がグンと上がるはずです。

自己効力感について、もう少し詳しく見ておきましょう。

ノースカロライナ大学の教育心理学者デール・シュンクによると、自己効力感を高めて維持していくには次の４つの条件があるといいます。

１つ目は「自分が目標設定したこと」

２つ目は「フィードバックがあること」

３つ目は「進捗が管理されていること」

４つ目は「自分の頑張りによって達成できるという意識があること」

これらの４つの条件がそろうと、人は自分の行動をコントロールできているという感覚を高く保つことができるのです。

早起きするときも、この心理的なメカニズムを生かして、「自分ならできる」と思える目標を立てて、一つずつ実行していきましょう。

一例として**「7時の電車に乗ってカフェで読書する」「3校の英会話スクールの体験レッスンを予約してみる」「問題集のUnit5から10までを解く」「夏に向けてアブローラー（腹筋を鍛える器具）を30回やる」**などが挙げられます。いずれも、本心からやってみたいと思える目標にすることが重要です。

その一つひとつのステップが自信につながり自己効力感を高め、早起き成功に導いてくれるはずです。

トリガー 5

新しいことを始めてみる

朝は自由度が高いので、何にでもチャレンジできる

どんなことでも、新しいことを始めるときにはワクワクするものです。そんな心理効果を早起きに生かしてみましょう。

これまで「やってみたいな」と思っていたものの、まだ手をつけていないことはありませんか。

例えば、筋トレやジョギング、読書、英語や資格の勉強などです。

「やらないといけない」ではなく、本心から「やってみたい」と思えることを選ぶのがポイントです。

今なら24時間開いているスポーツジムもありますし、早朝からオンライン英会話を実施するサイトも数多くありますので、やろうと思えばいつでも始めることができます。

朝は誰にも邪魔されない自由度の高い時間なので、新しいことを始めるにはうってつけです。

学生時代、私は「新しく参考書を買ったら手をつけるのは必ず朝」と決めていました。新しい参考書は、自分を成長させてくれそうな気がして期待感が高まるからです。

前夜のうちに、翌朝、手をつける範囲をざっと決めておきました。

パラパラっと参考書を眺めて、何ページから何ページまでをいつやるか、といった大まかな予定を立てます。その後、正方形の付箋に取り組む予定を書き込み、参考書の表紙にペタッと貼っておきます。

ここまで準備しておけば、「早く手をつけたい！」というワクワク感が高まりますから、朝、目覚ましが鳴ったときも、スッと起きられるのです。

早起きするために、自分に無理を強いるのではなく、新しいことにチャレンジするときのワクワク感を存分に生かすと、楽しい気持ちで起きられるようになります。

トリガー6

寝る前にストレッチする

リラックスし、体が軽くなる！

これまでは「早起きしたい」という気持ちを高めてくれるトリガーを紹介してきました。ここでは気持ちをほぐし、早起きに向けて気持ちを整えてくれるトリガーを紹介しましょう。

それが、寝る前のストレッチです。

私は夜、必ずストレッチをするのですが、**ストレッチすると心が落ち着き、自然と眠くなってきます。早起きリズムには良質な睡眠が欠かせません。その意味では、夜寝るときから早起きの準備が始まっているのです。**

私はもともと体が硬く、中学生のときから椎間板ヘルニアとお付き合いしているせいで、腰がとても疲れやすいのです。そのせいもあり、私は寝る前の時間帯を体のメンテナンスに充てています。時間はわずか5分程度、体をほぐすようにストレッチをするだけなのでそれほど大きな労力は要しません。

私の場合、寝る直前ではなく、お風呂から上がったタイミングにストレッチしています。「お風呂から出たらストレッチ」というスイッチが入り、続けやすくなっています。

デスクワークが長い方は、肩や腰は特に疲れがたまりやすいのではないでしょうか。

夜の時間帯を体のメンテナンスに充ててみてはどうでしょうか。眠りの質が上がると、翌日体が軽く感じられ、サッと起きられるようになるでしょう。

なお、トレーニングのように時間をかけてじっくりやると身体に負荷をかけてしまい、かえって寝つきが悪くなりかねません。あくまでも短時間、適度にストレッチしてみてください。

4章

脳の働きを最大化する☆

ダントツに集中できる！「朝時間の活用法」

1 「朝の脳」は最高の状態！

どんな難問もスイスイこなせる！

朝は最も脳の生産性が高く、最小のエネルギーで多くを生み出すことができる時間です。高い集中力を発揮できるため、思考力を必要とするタスクに取り組むことをお勧めします。

大学受験時は、朝のうちに現代文や古文の文章題や、英語の長文問題などとくに集中力が求められる問題に取り組みました。ケンブリッジを受験したときも同様です。緻密に考え、高い論理力を求められる英文小論文を書いたり、難解な問題集を解く時間に充てました。

ぜひ、集中力を要する勉強や仕事に取り組みたいときは、朝の脳を徹底活用することをお勧めします。

脳の上手な使い方

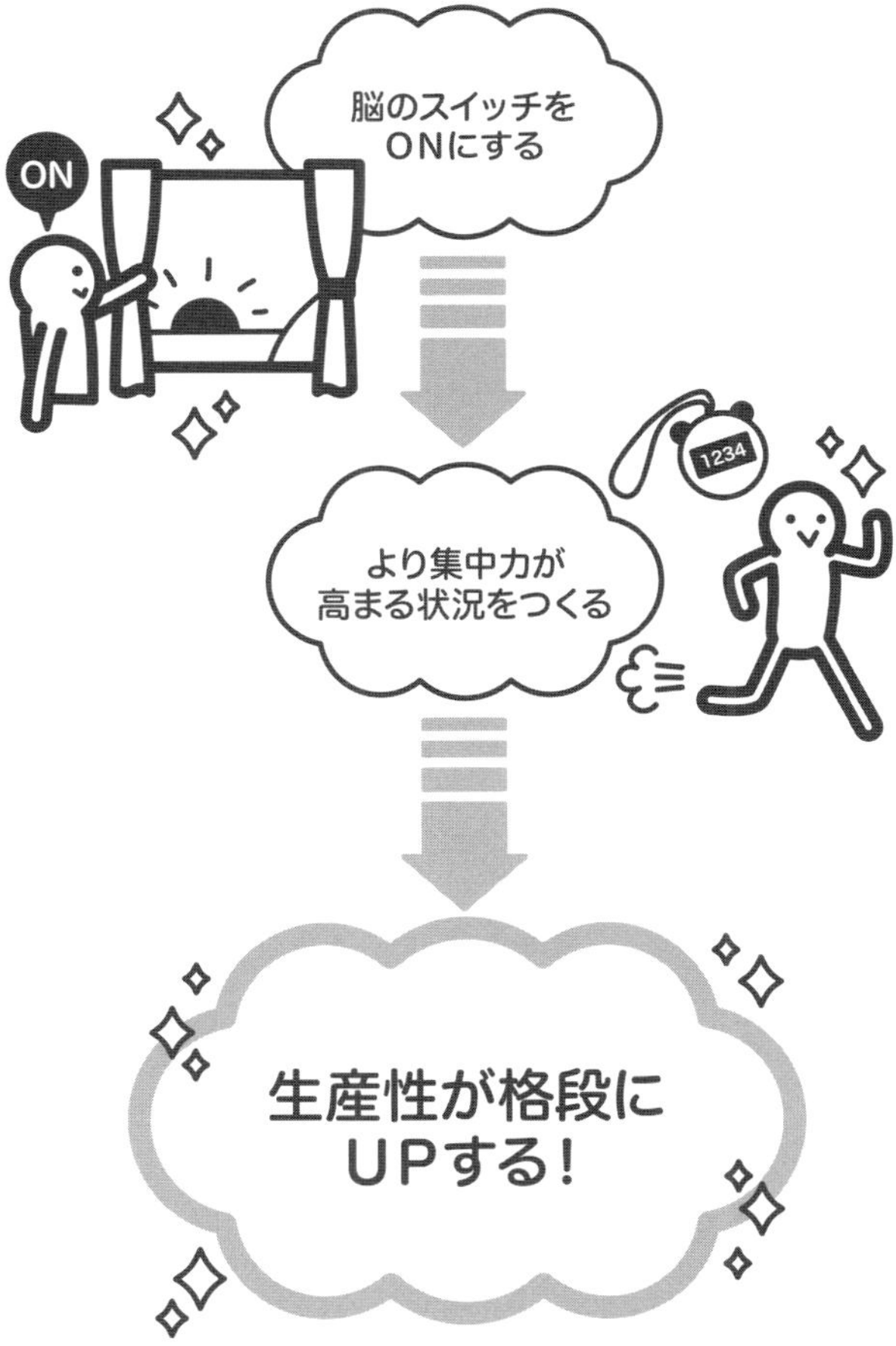

2 「朝の脳」をフル活用する方法

集中力を求められる勉強やタスクに取り組もう

最も効率よく脳が働く時間帯は起きてから2、3時間といわれています。脳の活動は朝をピークにしてお昼頃にかけて低下していきます。脳がフル回転している朝のうちに、思考力を必要とするものや、負荷のかかるタスクをこなすとよいでしょう。

取り組む内容を思考系と作業系に分けて、まとまった時間と集中力を要する「思考系のタスク」に朝の時間を割り当てるのは最も効率のいい計画の立て方です。例えば、

・まとまった時間が必要で集中力が求められる勉強や仕事

・苦手意識を持っており、もう一度チャレンジしてみたいもの

こうしたタスクであっても、朝ならスピーディーにこなせる可能性が高いのです。

実際に、『WHAT THE MOST SUCCESSFUL PEOPLE DO BEFORE BREAKFAST（成功者は朝食をとる前に何をしているのか）』の著者である、Laura Vanderkamさんは**「早朝は〝意思の力の供給〟が一番高まる時間」**だという研究結果を示しています。

少々難しい問題にぶつかっても乗り越えられるだけの意思力があるので、諦めずに取り組めるのです。

一方、夜は意思力が低下しているので、難しい問題にぶつかると諦めてしまいやすくなるので、やはり朝を有効に活用しましょう。**私の場合、朝の脳を活用することでケンブリッジでの学びを確かなものにすることができました。**

「朝の徹底活用」で道が開けた！

それにしても、ケンブリッジ大学の大学院に入学後、あれほど苦しい日々が待っているとは思ってもみませんでした。何度も挫折感を味わい、その都度、卒業を諦めざるを得ないかどうか、真剣に悩みました。

今振り返ってみると、**ケンブリッジを卒業できたのは、「朝の取り組みが功を奏し、日々の学びにはずみをつけてくれたから」といっても過言ではありません。**

難解な課題に圧倒される日々……

大学院の授業は1コマ2、3時間くらいのものが週に3つあるだけで、一見、時間がたっぷりあるように思えました。

とはいえ、初日のオリエンテーションでいきなり130ページ以上はある英語の文献を渡され、「来週までに読んできてね」とのこと。さらに課題まで出されて愕然《がくぜん》としました。内容もスラスラと読めるものではなく非常に難解なものです。

ある程度、覚悟はしていましたが、やはり相当ハイレベルなことを求められるなと戦々恐々としました。

その後、イギリス人のクラスメイトに聞いた話では、彼らも理解するのが非常に難しくて毎回課題をこなすのに四苦八苦していたとのこと。確かに、言語の意味はわかったとしても理解できるかどうかは話が別です。難解な専門書ともなれば、その背景にある知識がなければ、内容がスッと頭に入ってくることはまれです。

とはいえ泣き言ばかりも言っていられません。修士号を取るためには論文を書かなければならないからです。

英語の論文を２本と、ラスボスである修士論文はＡ４、１５０枚くらいの長さです。イギリスの大学院は通常１年なので、毎週難解な課題をこなしながら、論文を書く毎日でした。

授業についていくために編み出した方法とは？

じゃあ、大学院の授業についていけたのかというと、全く、でした。

最初の数週間はカオスでしかなく、全く何を言っているのかがわからない。これは大変な衝撃で、修士号は諦めて日本に帰ったほうがいいのではないかと本気で思ったほどでした。

でも簡単に諦めたくはありません。**そこで思いついたのが、ICレコーダーをすべての講義に持ち込み録音するということ。**英語を母国語とするクラスメイトが8割を占めるコースで、語学のハンデを負っているならば、努力量でカバーするしかありません。

授業内容を録音し、ひたすら聞く

講義は全て録音し、部屋に帰るとパソコンに取り込み、その日のうちにまず1回聞いて講義資料を自分なりにまとめ直しました。週末には難しかった講義を何度もオーディオブックのように聞き流し、内容を覚えてしまうのではないかというくらい聞きました。

そんな作業を繰り返しているうちに、だんだん英語を聞き取れるようになってきて、授業にも積極的に参加できるようになりました。理解できないと発言もできません。発言ができないと授業への積極性が欠けていると思われ、どんどん置いていかれます。毎日が真剣勝負で、とにかく全力投球したのです。

○朝は、こんな取り組みが功を奏した

大学院生活において、やるべきことは至ってシンプルではありました。課題文献を読むこと、毎週の課題レポート、授業の復習、論文、アルバイトの5つをどうこなしていくかということです。

「難解な英語を読んで自分の意見をまとめる」「課題や文献をたくさん読んで論文を書く」といった作業は、集中力と意思力を必要とするので朝、取り組むには最適でした。

つまり朝は、「読む」というインプットと「書く」というアウトプットに集中して取り組んだのです。

1日の中で最も脳がアクティブなときに、難解な学びに取り組んで、午後から夜にかけては授業の復習をしたり、文献の流し読みをしたりして、なるべく負荷をかけないように過ごして

いました。朝と夜の脳の特性を知り、上手に使い分けることで、取り組み結果に大きな差が出るのです。

朝の活用で、英語試験のスコアがグンと伸びた！

次に私の生徒で大学生のBくんのケースもご紹介しておきます。

英語に苦手意識を持っていたBくんは、大学1年のとき「留学する」という目標を立てました。当初は、夜9時ぐらいから留学に向けた勉強を始めて、深夜まで勉強していたのですが、なかなか集中できず、効率が悪いと感じていたそうです。

そこで私が提案したのが「朝時間の活用」でした。

朝は脳もスッキリしていて、意思力も高いうえに誘惑も少ないので、勉強に取り組みやすいという点と、私も朝型に変えたことで勉強効率が大きく改善したという経験についてもお話ししました。

この話を聞いたＢくんはすぐに朝時間に勉強を始めました。**結果的にＢくんは英語の勉強に効果的に取り組むことができ、今では強みの１つとなり留学に必要とされる英語試験のスコアを楽勝でクリアすることができました。**

勉強の内容は「思考系」と「作業系」に分けることができます。

「思考系」とは「参考書や本を読んでインプットする」「英作文や小論文を書いたり文章問題を解いたりすること」が該当し、まとまった時間を必要とします。

「作業系」とは「単語を覚えたり」「一問一答式のような短い問題をこなすこと」などで、これらはスキマ時間にいくらでもこなせます。

実際にＢくんが朝時間にした勉強は次の通りです。

朝６時過ぎから、リーディングやライティングなど、集中力と思考力が必要とされる勉強に

取り組みました。一方で、英単語の暗記はスキマ時間でも十分できるので、朝の貴重な時間ではなく、電車の中で覚えるなど、空いた時間を見つけて取り組んでいました。

このように朝時間を上手に使うことで、Bくんの成績は劇的に伸びたのです。

私は1日の中で、脳の生産性を意識してタスクをこなすようにしています。脳にパワーがないときはいくら頑張っても非効率です。疲労感が積み重なり、ストレスの原因となるからです。脳の特性を考慮した取り組みをすることで、1日の成果はケタ違いに変わるはずです。

3 脳のスイッチをオンにしよう

こんな働きかけで、交感神経に切り替わる

朝の脳の生産性が高いといっても、起きた直後は覚醒しておらず、しばらくぼんやりとしています。副交感神経が優位になっているからです。適切な方法で交感神経に切り替わるよう働きかけてみましょう。すぐにできて効果的なのは次の３つの方法です。

①日光を浴びる

私が朝起きて最初にすることは全ての部屋のカーテンを全開にして日光が差し込んでくる環境をつくることです。たとえ雨が降っていても窓を開けて空気の入れ替えをします。窓を開け

れば日が入って、日光を浴びることができるからです。**朝日は脳をスッキリと覚醒させてくれるうえに、良質な睡眠をもたらすセロトニンの分泌を促してくれます。**

ぜひ、朝起きたらカーテンと窓を開けてみましょう。

②シャワーを浴びる

お勧めなのが日光を浴びた後に、シャワーを浴びること。これも、私が長年続けているルーティンの一つです。

シャワーを浴びると、副交感神経から交感神経への切り替えがスムーズに行われるので、心身共にスッキリします。

なお、シャワーを浴びる目的はあくまでも脳を覚醒させることです。長い時間、熱いシャワーを浴びていると、体がリラックスモードに入ってしまうので注意しましょう。**少しぬるいかなと感じるくらいの温度のシャワーをサッと浴びることをお勧めします。**

③香りをかいだり、好きなものを飲む

先述していますが、起床後、私は大好きな紅茶を飲むようにしています。紅茶やコーヒーなどの香りの強いものは鼻腔を通って脳に刺激を与えてくれるのでスイッチが入りやすいのです。

脳を覚醒させるためにも、良い香りをかいだり、好きなものを飲む習慣をもってみましょう。あなたにとって、脳のスイッチがオンになるものは何ですか。ぜひ、ワクワクするものを探してみてください。

4

「5つの方法」で集中力がケタ違いに！

「集中できない……」から脱するために

「朝の脳なら、生産性が飛躍的に高まるはず。
でも、途中で集中力がとぎれてしまい、だらけてしまうことがある。
どうすれば、こんな状態から抜け出せるのだろう……」

こうした悩みを持っている方は少なくありません。
朝の脳が万能といっても、集中力を妨げるような状況や環境があると、集中力はとぎれてしまいます。そこで高い集中力を発揮するためのコツを具体的に紹介していきます。

コツ 1

タイムリミットを設ける

時間を区切ると、集中力を持続できる

私は大学受験のときからストップウォッチや砂時計を愛用しています。より時間を意識することで、集中力が飛躍的に高まるからです。今では、手元にストップウォッチを置くだけで、自然と自分にスイッチが入ります。

長時間集中するときに大事なのが、「できるだけ時間を短く区切り、集中力をとぎらせないこと」です。

フルマラソンでは42・195キロを走るわけですが、このときも一気に長距離を走ろうとするのではなく、走る距離を短く区切り、それぞれの区間をどのぐらいのタイムで走ればよい

のかを考えるなど、時間を意識することが大事です。

例えば、A区間は5分以内で走り、B区間7分以内で走る、というように、走る区間を短く区切って目標タイムを設定することで、どの区間も集中力をとぎらせずに最速のスピードで走れるようになります。

このように、**小さな締め切りをどんどんつくって、短距離走を繰り返すようなイメージを持つと集中力が高まります。**

問題集の1ページを解くときであっても、この考え方は有効です。「この問題は10分以内に解こう」というように時間を決めておき、ストップウォッチやタイマーで計って取り組むと、集中力はグンと高まり、学びの密度も増すはずです。

コツ 2

毎朝、予定をチェックする

これで時間への意識が増す

私の場合、「翌日のスケジュール確認」と「やることリストの整理」は前日の夜にやります。翌日の流れをシミュレーションできるうえに、「早起きする理由を明確にできる」からです。

なお、翌朝は再度、スケジュールを見直して微修正を加えるとよいでしょう。何度も見直すことで意識が高まり、「1秒でも無駄にできないな」という気持ちを持てるのです。

やることを明確にし、英語力を劇的に伸ばしたBくん

大学2年生のSくんは〝遅寝遅起き〟という不規則な生活習慣が身についていました。

そんなSくんは、あるきっかけで「留学したい」と考えるようになります。でも、不規則な

生活習慣を変えられず、なかなか勉強が進みません。困り切って私のところにみえたのです。

まずは、生活習慣を見直して勉強に取り組める状況をつくり、英語の成績を上げなくてはなりません。そこで朝時間を活用して、英語の勉強に取り組むようにアドバイスしました。

なお、英語の勉強といっても、学ぶ分野は多岐に渡ります。どの分野が苦手で、何を重点的に学ぶ必要があるのかを突き止めるために、英語の勉強を分解することから始めました。

Ｓくんが受験する英語試験ＩＥＬＴＳ（世界で年間３００万人が受験する留学や海外移住のための英語試験）は、リスニング、リーディング、ライティング、スピーキングの4技能の試験で、これら全ての技能でバランスよくスコアを取らないといけません。その上、単語や文法の勉強も基礎力をつけるうえで欠かせません。

「英語の勉強をする」というざっくりした認識のままでは、目標がはっきりしません。

そこで一つひとつを丁寧に分解して考えることで、「6分野の勉強が必要だ」という具体的な目標が定まったのです。

早速、バーチカルタイプのウィークリー手帳をコピーして、Sくんの1週間の予定に6つの分野を適切に振り分けていきました。**勉強の計画を立てるときに大事なことは、学ぶ内容をできるだけ最小単位に落とし込み、バランス良く配置することです。**

6ヶ月後の試験で目標スコアを達成できないと留学を断念せざるを得ないSくん。スケジュールを明確にすることで、いかに時間が足りないかを実感したとのこと。

毎朝、スケジュールをチェックし、全体の進み具合を確認しながら、朝時間を使って猛勉強に取り組んでいます。苦手分野を克服しつつあるSくんは、日増しに自信を深めています。夢だった留学も現実のものになりつつあると確信していると言います。

とにかくやることが決まったら、1週間単位でスケジュールを組んでみましょう。それを毎朝見直すことで、「なぜ、今これをやる必要があるのか」という指令を脳にはっきりと伝えることができます。その結果、目の前の取り組みにグンと集中できるようになるのです。ぜひ、お試しください。

コツ 3

家を出る時間を決める

締め切り効果＆環境の変化で、集中力が増す

今はフレキシブルに働くことが可能になって、出社時間も柔軟になったり、フリーランスとして仕事をする人も増えてきました。

アメリカでは二〇二七年、フリーランスが８６５０万人となり、企業で働く人の８３４０万人を上回ると予想されており、日本でもますますフレキシブルな働き方が増えていくことと思います（Freelancing in America 2017）。

固定化した時間労働の枠組みから離れ、自由な時間を持ちやすくなってきました。

これからは、出社時間に縛られすぎず、自分が良しとする生活リズムに合わせて、家を出る時間を決めるのも一策です。自分の中で「始業時間を決めてしまう」というわけです。

かつて、私も「家を出る時間」を決めることで、朝の勉強の生産性を上げることができました。ケンブリッジ時代、日々大量の課題や論文に取り組んでいました。つねに自分との戦いです。朝早く起きて、誰とも会話せずひたすら机に向かうわけですが、ずっと自分の部屋にこもり、机に向かっていると疲れを感じ、集中力がとぎれてきます。

ダラダラ勉強していても成果は得られません。**そこで私は「8時半に家を出る」と決めていました。ケンブリッジ大学図書館に通って、再び勉強に取り組むためです。**

このように終わりの時間を決めることで、「時間内にここまでやろう」という締め切り効果が働いて集中力を維持することができます。

私がアドバイスしている社会人の方々にも、出社時間の1、2時間ぐらい前に家を出て、会社の最寄駅近くのカフェで勉強や読書をする時間を持つことをお勧めしています。

締め切り効果のみならず、環境を変えることで、意思力に頼らなくても集中できるようになるからです。その効果は体験してみれば必ずわかるはずです。

コツ4

環境を変える

カフェは集中力が増す理想的な場所

家は集中力を妨げるもので溢れています。集中できる朝にバタバタして余計なエネルギーを使わなくていいように部屋や机を片付けてから寝ることは重要です。持ち物を整理してから寝る、といった基本を大事にしましょう。

必要なもの以外は、ないのが理想です。意思の力で誘惑に打ち勝つのではなく、意思の力を使わなくてもいい環境に身を置きましょう。

最適なのがカフェです。テーブルの上には持参した物のみを置けばよく、他に手を伸ばしたくなるような誘惑物はありません。

また、カフェのざわざわした環境のほうが、静まり返った場所よりも集中できます。静かすぎる場所だと眠くなることもありますし、人によっては小さな物音でも気になってしまって集中できないことがあるからです。

◯同じ思いを持って頑張っている人がいる場所に行こう

ケンブリッジ時代、8時半には家を出て図書館へ足を運んでいました。図書館というみんなが文献や論文と向き合う環境に身を置けば、自然と集中して取り組めるからです。環境の力を利用することが最大の目的でした。

テレビもないので気が散ることもありませんし、自分以外の人たちが学んでいる姿を目にするとやっぱり「自分も頑張らないと」という気持ちが湧いてきます。

自己効力感を高める一つの方法に、「代理強化」があります。やりたいと望んでいることを他人が達成している姿を目にすることで「自分にもできるのではないか」という気持ちになるのです。図書館に行くことで、この代理強化がなされたわけです。

もちろん気分が乗らないときもありました。そんなときは、論文や課題のことは考えず、「サイクリングでもしよう」といった軽い気持ちで図書館に向かいました。

図書館に着くと自然とやらざるを得ない環境に身を投じることになるので集中できてしまうのです。

無理に集中力を高めようとするのではなくて環境を変えてみてください。特に自分と同じような目標を持って頑張っている人がいる環境がベストです。

私の場合、新しいことにチャレンジしたくなったら、同じ思いを持った人が集まる場所を探すようにしています。年配の方がのんびりとエクササイズしているジムよりも、自分と同年代の人が頑張ってトレーニングしているジムを選びます。本を書いてみたいと思ったときは、高い志を持って本を書きたい人が集まってくる勉強会に参加しました。

周りが頑張っていると「自分も頑張ってみよう」という気持ちになるものです。大都市に住んでいる方なら朝活に参加してみるのも効果的だと思いますし、そうでない方はＳＮＳで同じ目標を持っている人と繋がりを持ってみるのも効果的です。

大事なのは意思や精神力に頼らなくても自分を変えられるということ。ぜひ、環境を選ぶことにエネルギーを傾けたいですね。

コツ 5

夜は充電時間にあてる

メリハリが生まれ、朝時間の生産性が高まる

Oさんは夜の時間帯に英語の勉強をしたいと考えていました。

でも毎日、終業時間がバラバラで勉強が思うようにはかどらず、ジレンマを感じていました。

そこで朝時間を活用することにしたのです。

Oさんは毎朝5時半に起床し、朝食をとり仕事に行く準備をして、6時から1時間、英語の勉強にあてています。**疲れて頭が働かない夜は自分メンテナンスの時間にすると決めました。こうして、朝の時間を使うように生活様式を変えることで生産性も高まったのです。**

このように朝時間にしかやらないと決めてしまえば、「その時間にやり切ろう」という意識

が働きます。制限があることで「今やらないとダメだ」と感じて、より集中力を高めることができるのです。

これまで大勢の方々に英語の勉強等のアドバイスをしてきましたが、とりわけ大きな成長を遂げた方々の多くが、朝の取り組みを大事にしています。**平日の朝時間は、気がゆるみがちな土日よりも圧倒的に集中でき、生産性の高い取り組みができるそうです。**

夜の時間はメンテナンスにあて、朝時間を有効に使うといった、時間の制約を設けることで、良い意味でのプレッシャーが生まれ、より生産性の高い過ごし方ができるのです。

5 「朝の読書」がスゴい理由

○日中の仕事に「気づき」を与えてくれる！

朝時間はインプットに最適な時間帯です。とくにお勧めなのが読書です。**朝の読書は良いことずくめですが、なかでも「カクテルパーティー効果」を期待できる点が大きいのです。**

大勢が雑談しているガヤガヤとした場面でも、自分の名前や興味のある人の会話は、自然と耳に入ってくることがありますよね。私たちは必要な情報を選択的に認知するようにできているのです。これを心理学ではカクテルパーティー効果と言います。

例えば接客術についての本を読んだ後、実際に接客の仕事をするとしましょう。すると、「先ほど読んだ本の内容が、今まさに目の前で起きているな」とか、「そうか、この場面では、あの本に載っていたアドバイス通りにやればいいんだ」というように、本の内容を現実に投影しやすくなります。このように朝の読書は、日中の仕事にさまざまな気づきを与えてくれるのです。

なお、電車通勤している方々にぜひお勧めしたいことがあります。それは「1日1冊本を読む」という習慣を電車の中、限定で行うことです。

「電車に乗る」というトリガーがあると、「あ、今日も本を読もう」というふうにスイッチを入れることができるからです。

スマホの電子書籍だと、ネットニュースやSNSが気になってしまうので、私は手に取れる本を持参して読むことをお勧めします。ときには気持ちが乗らないような日もあるでしょう。そんなときは気になった箇所や関心のある箇所から読むなどして、心理的ハードルを下げることで、スッと取り組みやすくなるはずです。

6 英語がメキメキ上達する「3つの方法」

英語力がアップする「3つの取り組み」とは?

朝時間は、集中力が必要な勉強やタスクをするのにもってこいの時間帯です。
ここでは私が受講生にアドバイスしている「英語上達法」をご紹介しましょう。
とくに英語勉強の初心者にお勧めしたいのは、次の3つの取り組みです。

- **オンライン英会話をする**
- **シャドーイングをする**
- **「英語ストックノート」を作る**

では、それぞれについて具体的に見ていきましょう。

上達法 1

オンライン英会話をする

○「英語力の向上」以外にもメリットがある！

残業が多いAさんは、毎日、学習計画を立ててはいますが、夜はほとんど計画通りに進みません。「いっそのこと早く寝て、朝の時間を活用しましょう」とアドバイスしました。早起きを習慣化するために私がお勧めしたのは、「オンライン英会話の受講」です。6時30分に予約を入れ、6時に起床することにしたのです。

オンライン英会話をするメリットは英語力の向上以外にもいくつかあります。その一つが、誰かと約束することで、モチベーションが高まるという点です。このように自分以外の力を上手に借りてみるのも賢い方法です。また、快適なコミュニケーションをとることは心理学的にもポジティブな効果を期待できます。**オンライン英会話を朝することで、前向**

きな1日をデザインすることができるのです。

◯まずは朝30分、レッスンしよう

なお、**絶対に英語力をつけたい方は、オンライン英会話を90日は続けてください。**

90日後には、相当英語が話せるようになっていることを実感できるはずです。

とはいえ上達を意識しすぎると、息切れするので注意してください。90日が終わるまでは〝前だけを向いてひたすら走る〟ようなイメージを持ってみるとよいでしょう。

振り返ったら、とても大きな違いを感じることができるはずです。

オンライン英会話はたいてい1レッスンが30分程度ですから、早起きもこの30分を確保するところからスタートすればいいのです。90日後には、英語を話すことに対して抵抗感がなくなり、早起きも完全に定着していることでしょう。良い生活習慣を身につけ、大いに自信を深めている自分に出会えるはずです。

復習すると10倍、英語力がつく

なお、時間の余裕がある人は、オンライン英会話の直後に復習しましょう。「どうしても英語で表現できなかった（あるいは、しにくかった）」という場面があったはずです。そうした言い回しを復習すれば、表現力を磨くこともできます。

継続することが大事なので10分ほどの復習でかまいません。ぜひ続けてみてください。

この復習方法なら上達が早く、モチベーションも高まる！

経験上、復習している人はしていない人よりも上達のスピードが10倍くらい早いです。しかも、レッスンの直後に復習している人のほうが上達のスピードが早く、やりっ放しで次のレッスン、次のレッスンと取り組んでいる人は最も上達が遅いです。

復習の仕方は簡単です。レッスン中に英語で話したかったけれど、表現できなかった言い方を調べて、翌日のレッスンで早速使ってみましょう。

知りたい表現はネットで検索すればすぐに出てきますので、上手に活用してください。

これまで表現できなかった言い方がわかるようになり、しかも相手と意思疎通できたら、とても嬉しいですよね。**「学んだことが通じた」という体験に変わるとモチベーションは飛躍的に高まり、次の取り組みにプラスの影響をもたらします。**

私の場合、言いたかったけれどわからなかった単語や文を調べたら、エクセルにまとめています。日本語の横に英語表現を記すという、実にシンプルな表で、Ａ４用紙１枚程度にまとめてプリントしています。これをカバンやポケットに入れておけば、外出先でも隙間時間に見直すことができて便利です。

まずはオンライン英会話を始めてみましょう。できるかできないか、効果があるかないかは考えずにやってみましょう。続けた人はきっと違う世界が開けるはずです。

上達法 2

シャドーイングをする

コレで脳が活性化する！

英語の試験勉強をしている人であれば、本来、朝はリーディングやライティングの問題に取り組むとよいでしょう。でも、**「朝はエンジンがかかりにくい」と感じるときがあります。そんなときのお勧めは「シャドーイング」です。**

シャドーイングとは聞こえている音声に0・5秒くらい遅れながら、影のようについていくトレーニングです。音に対する理解を深め、英語の音を自分のものとして習得するために極めて有効なトレーニングなのです。

聞き流しているだけではBGMにしかなりませんが、耳からインプットした音を声に出そうとするだけで短期記憶が刺激されて脳が活性化します。5分間シャドーイングをして、脳を活性化させてから、リーディングや英作文などに取り組むと、より脳がテキパキと仕事をしてくれるようになるのです。

この練習方法で、リスニング力もスピーキング力も身につく！

シャドーイングをすると英語の音、リズム、抑揚を体得することができるので、リスニング力が向上することはもちろん、スピーキング力も向上するのでとても効果的です。

私が考える練習方法はカラオケで歌を覚えるときのプロセスと一緒です。

最初は音を聴いてみて、歌詞カードを見ながらブツブツと練習します。それを何度も繰り返しているうちに、だんだん歌を口ずさめるようになりますよね。その後、リズムや抑揚を意識しながら声に出して歌を覚えていきます。この一連の流れを真似るのです。

英語が苦手な人はこんな感じでＴＯＥＩＣのＰａｒｔ２の短文を練習してもよいでしょう。ある程度慣れてきたら、Ｐａｒｔ３や４の少し長めのものに取り組んだり、もう少し速いものでチャレンジしたかったら、英語ニュースサイトVOAやBBCの動画を使ってもよいと思います。

○「文の意味を考えてしまう人」にお勧めのやり方とは？

大切なのは、英語の音の感覚を体得することなので、いきなり難しいものから取り組まないで、意味がわかる簡単なものにチャレンジしましょう。

なお、これまでに読解や文法の学習を中心に取り組んできた人は、どうしても文の意味を考えることに意識がいきやすいのです。

これでは、トレーニングの目的である「英語の音、リズム、抑揚に耳を慣らすこと」ができないので効果が上がりません。ぜひ、音に意識を向けるようにしてください。

どうしても、意味を考えてしまうという方は、まずは意味を考えることだけに集中して聴いてみましょう。その後、音を取ることに集中する、というふうに2段階にすると、音に意識を向けやすくなります。

このように、同じ文を繰り返し聴いていくうちに、音を味わえるようになってきます。音を味わえるようになってきたら、英語はとても楽しくなります。発音も間違いなく上手くなりますから、英語が伝わりやすくなることも期待できますよ。

上達法 3

「英語ストックノート」を作る

○良質な表現に触れることで、ひとつ上の表現力が身につく

ビジネスシーンでより良いレベルの英語を使ったり、留学を目指している人など、英語の総合力を高めたい人は、「英語ストックノート」を作ることをお勧めします。

このノートは書けば書くほど、英語で読む力、語彙力、表現力が伸びていきます。あまりにも効果が出るので、日経ウーマンなどの雑誌でも取り上げていただいたほどです。

これは私がケンブリッジの大学院に入る前から取り組んでいたもので、ある程度、英語は扱えるけど、いつも同じ言い回しばかりなので、そこからワンステップ高みを目指したいという人にもお勧めです。

英語に限らず、言語を習得する上で最も大切なことの一つが「良い文章や表現に触れてマネ

をする」ことです。良いアウトプットができるようになるためには、良いインプットが欠かせません。

タイマーをセットして、ザッと読むクセをつけよう

まずはBBCなどのニュースサイトで気になる文章を読みましょう。関心がある分野の気になるニュースだけでもかまいません。ニュースだと時事的な単語が頻出するため、そのまま会話で使える単語の習得ができて便利です。

読みながら、まずは全体の意味をとらえます。**このときに大切なのは、一文一文を訳そうとするのではなく、何を伝えようとしているのかを把握しながら読むこと。**

これまでの英語学習の習慣から、訳しながら読むクセがついている人は、タイマーを1分にセットして、ザッと読むクセをつけるといいかもしれません。

丁寧に訳しながら読む習慣が染みついてしまうと、情報処理スピードが遅くなり、リスニング力が伸びなくなってしまうのです。

リスニング時は順番に入ってきた情報を連続的に処理します。英語を返り読みするクセを早々に取ることで、リスニング力も上がっていきます。

◎表現の幅が広がる「検索のコツ」

一通り読んで理解できたら、次に気になる表現を探してみましょう。例えば、ＢＢＣの記事の中に、下記の文章を見つけたとします。

Analysts said a short period of falling prices would do nothing to damage the US economy.

この中の**「would do nothing to」**に注目しましょう。自分で使える表現として習得したいと思ったら、この部分をノートに書き出します。

次に、〝would do nothing to〟をGoogleで検索します。そのときに、**このフレーズを〝〟(コーテーション)で囲って検索することがポイントです。**

そうすると、このwould do nothing toがひとかたまりで使われている文章のみが検索結果に並びます。

コーテーションを使わずに検索すると、関係のない検索結果もたくさん表示されるので、必ずコーテーションを入れて検索しましょう。

検索結果には次のような例文が並びます。

A carbon tax would do nothing to help the environment.
（炭素税は、環境の保全には役に立たないだろう）

It would do nothing to eliminate the poverty.
（それは貧困の撲滅には役に立たないだろう）

The policy would do nothing to curb emissions growth.
（その政策は、排出量の増加防止には役に立たないだろう）

表現の幅を広げるために、検索結果の文をノートに書き出してみましょう。その後、自分でも「would do nothing to」を使って、オリジナルの文を作ってみましょう。

このように、良い文章に触れながらさまざまな表現の仕方を学び、吸収し、自分でも使える表現へと発展させる仕組みを作れば、表現力がどんどん身につくので、日々上達していく喜びを実感することができます。

英文を作るときに不安が生じたら、電子辞書ではなくWeblioやアルクが提供している英辞郎などを利用しましょう。 これらのツールは用例が豊富なうえに、スピーディーかつ柔軟に調べることができるからです。

7 朝の"勝ちパターン"を決める

脳が活性化されるなど、いいことずくめ

朝の20～30分程度の軽い運動はとても効果的で、良いことずくめです。

私は5時半に起床し、7時になると有酸素運動をするために30分ほどウォーキングしています。

ケンブリッジ時代にびっくりしたのが、早朝のジムにたくさんの人がいることでした。現地のジムでは24時間営業が一般的で、早朝4時半ぐらいから賑わっています。朝の運動がもたらす良い効果を知っていて、積極的に生活に取り入れているのでしょう。

軽い運動、とりわけ有酸素運動をするメリットはたくさんあります。

第一のメリットとしては脳の活性化につながるということです。

特に有酸素運動をすると、血流がアップして脳へ酸素がたっぷりと供給されます。その結果、集中力を発揮しやすくなります。

お勧めしたいのがグリーンエクササイズ、すなわち緑や水を感じられる場所を歩くことです。朝日を浴びることで、セロトニンが分泌されるため、ストレスからくるイライラを抑えることができ心も安定しやすくなるはずです。

グリーンエクササイズがベストだとは思いますが、その環境が身近にないようであれば、室内でラジオ体操やストレッチ、ヨガなどにチャレンジしてみましょう。

脳と心がすっきりして、1日を前向きに過ごす良いスタートを切れるはずです。

○「朝の勝ちパターン」を決めておこう

朝起きてすぐにエンジンがかからない場合は、とにかく外に出ることをお勧めします。軽い運動をすることで交感神経が優位になり、身体が活動モードになるからです。

ケンブリッジの大学図書館は朝9時に開くので、当時はその時間に着くように家を出ていました。自転車で片道約20分の旅です。この有酸素運動が脳にきくのです。新鮮な空気をどんどん脳に送り込むことができるので、スッキリした状態で難解な論文を読んだり、論文を書いたりすることができました。

なお、私の生徒さんの中には、毎朝NHKのラジオ体操を自分をアクティベートするためのトリガーとして使っている人もいます。

朝6時に起きてシャワーを浴びて、身支度をします。「身支度はラジオ体操の時間までに終える」と決めることでテキパキと行動することができます。

ラジオ体操が終わったら、「1時間集中して、資格の勉強に取り組む」といった朝の行動パターンを決めており、これが集中力を生む勝ちパターンとなっているのです。

このように朝の行動を決め、自分なりの勝ちパターンをつくり上げておくことで、脳も体も自動的にスイッチが入るようになり、その日の気分に左右されにくくなるはずです。

8 気乗りしないときの対処法

取りかかるまでは、心が揺らぐもの

「早起きしても、やる気が出ないときがあります。どうしたらいいですか？」

これは朝時間を使って勉強しはじめた人が、必ずといっていいほどぶつかる壁の一つです。こんなとき、くれぐれも「やらないといけないのに、できなかった」「意思力が弱いからダメなんだ」と追い込まないでください。

誰にでも起こりうることですし、取り組むまでは誰でも心が不安定になりやすいのです。

私は週に2回ジムに行っていますが、ジムに行く前が最も心が揺らぎます。やる気がみなぎっているときもあれば、「今日は行かなくてもいいんじゃないか」という思いが頭をよぎることもあります。
ジムに行ってしまえば、やる気は自然と出てきます。「せっかく来たのだから」と思ってエンジンがかかるからです。

環境を変えたり、簡単なタスクに取り組もう

気分が乗らないときは無理に自分を動かそうとせず、やりたくなる環境に身を置きましょう。あるいは、計画していたタスクのハードルを落とし、サッとできるタスクに取り組んでみるなど、気持ちを上手に乗せるといいのです。

ケンブリッジ時代、どうしても論文が書けない日は、とにかく図書館に行くということだけを決めていました。朝、9時に図書館が開くと同時に入り、とにかく席に座ります。それでも気分が乗らないときは、それと関連する別のことをしてみます。

例えば、論文を書くのではなくて、今まで書いたものを読み返してみるのです。そうすると「せっかくだから少しでもやろうか」という気になれるのです。

朝、エンジンをかけるのが、どうしてもしんどいと感じるときは誰にでもあります。自転車と同じで、漕ぎ始めが一番力がいりますよね。すぐに軽快なスタートを切れればいいのですが、そうならない日だってあります。そこをなんとか乗り切るすべを身につければ、あとはうまく回っていきます。

インスタは活用次第で、やる気を生む!

早起きして「今日も頑張るぞ」という気持ちと「今日はあまり気持ちが乗らないな」という気持ちが綱引きを始めたら、とにかく簡単なものに手をつけるようにしましょう。

また気分を高揚させるために、同じ目標を持っている人の行動をチェックするのも一策です。

SNSなら、同じような目標や趣味趣向を持っている人を簡単に見つけることができます。

なかでもインスタグラムは便利ですね。ハッシュタグで「早起き」と検索したら、早起きを習慣にしている人の写真やアカウントを見つけることができます。

読書なら「読書」、勉強ならば「勉強」、ダイエットならば「ダイエット」などと入力して検索すれば、自分と同じような目標を持っている人をたくさん見つけることができます。

先述したように、「代理強化」といって、他人が頑張っている姿を見ると、自分も頑張ろうと思えるものです。とはいえ、ずっとインスタグラムばかり見ていると本末転倒なので、見る時間を決めるなど自分なりのルールをつくり、上手にモチベーションを高めていってください。

5章

生活が整い、コンディションも万全!

パフォーマンスが高まる生活習慣

1 体調や感情を上手にコントロールしよう

「感情」のメンテナンスは手薄になりやすい

本章では、早起きリズムを回しながら、日々のパフォーマンスが上がる秘けつについて紹介していきます。注目したいのが「体調」と「感情」です。

「体調」を整える重要性はおわかりだと思いますが、「感情」になると手薄になりがちです。感情が揺らぐと、パフォーマンスにも良くない影響を及ぼします。日頃から、感情の乱れを抑えて健全に過ごすことは、パフォーマンスを上げる上で欠かせないのです。

本章では8つの生活習慣を紹介しながら、パフォーマンスを上げる方法についてお話ししていきます。

体調と感情をコントロールする

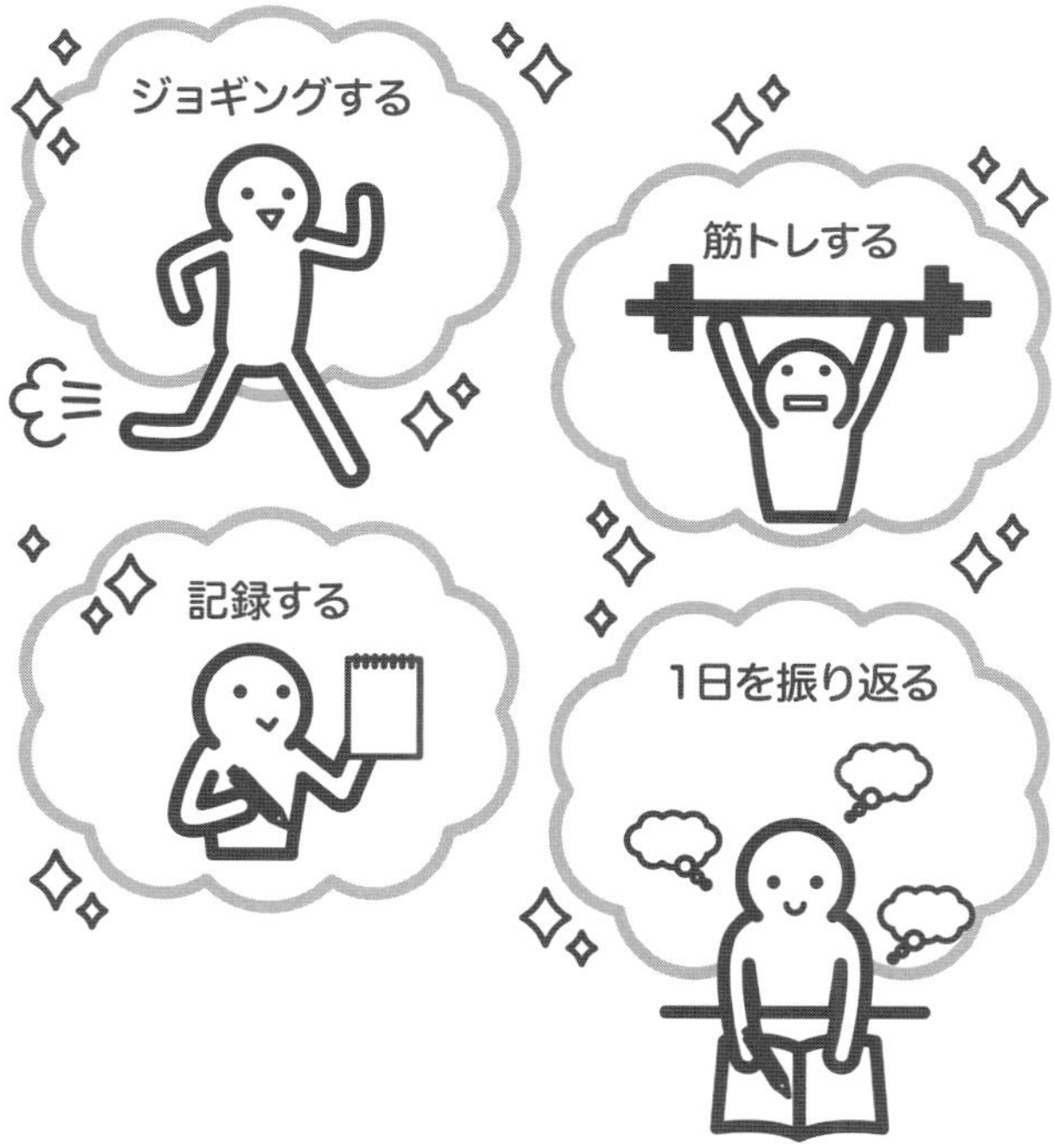

check

適度に体を動かし
心を整理する習慣を持とう

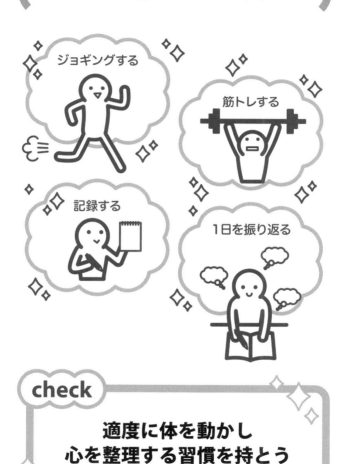

2 有酸素運動をする

適度な運動が、健康を保つ秘けつになる

早朝に運動する効果については4章でもお話しした通りです。運動は体調を管理する上で欠かせないことなので、本章でも繰り返しお伝えしておきましょう。

体調管理の一貫として、適度なジョギングをするなど、ちょっとした有酸素運動を生活に取り入れてみましょう。とはいえ毎日時間をかけてしっかり取り組もうとするとプレッシャーになりますね。あくまでも〝適度に〟が良いのです。日頃から、ちょっとした時間を見つけて有酸素運動をしてみましょう。

運動の大切さは周知の事実ですが、実は何をどの程度すれば健康になるのかということは、

まだ解明されていません。

最新の研究結果から、「これだけ運動すれば健康的に過ごせるだろう」と自分で思えるぐらいの運動をすることが、健康を保つ上で一役買っているのではないか、ということがわかってきました。

次に紹介するのは二〇一七年、スタンフォード大学の研究です。オクタウィア・ツァールト博士とアリア・クラム助教が6万人以上の大人を対象に「同年代と比べてアクティブだと思うか、そうでないと思うか」を尋ね、その後も観察を続けたところ、「同年代と比べてアクティブではない」と答えた人は71％より高い確率で、アクティブだと思っている人よりも先に亡くなってしまったのです。

「運動しているから自分は健康だ」と思っている人はそうでない人よりも長生きできる、ということですね。

心理学では「プラシーボ効果」が有名ですが、医者が効果のないものを「病気によく効く薬ですよ」と言って患者に飲ませると、実際に症状が和らいだり、治ったりすることを指すのですが、この実験結果も思い込みの持つ効果の大きさを示しています。

運動は記憶の定着にも一役買っている!

運動がもたらす効果は長生きだけにとどまりません。

ジョギングやウォーキング、サイクリングのように、比較的、負荷がかからない有酸素運動は脳を活性化することにもつながります。

「忙しいので運動する時間がとれません」という声をよく耳にするのですが、効率が落ちている脳をムチ打つよりは、有酸素運動をしたほうが、脳の効率が改善して、より仕事や勉強もはかどるようになります。

有酸素運動をすることで脳が活性化し、記憶の定着にも効果があることがわかっています。

ずっと机に向かっているよりも、運動したほうが記憶の定着率が高くなるのです。

これはラドバウド大学の実験で明らかになりました。実験に参加した人たちに40分間で90枚の絵を記憶してもらいました。その直後に35分間、自転車を漕いでもらったグループ、4時間後に自転車を漕いだグループ、何も運動をしなかったグループに分けました。そして2日後、それぞれのグループの参加者たちがどれだけ絵を記憶しているかをテストしたのです。その様子をＭＲＩで観察したら4時間後に運動をしたグループの記憶力はそのほかのグループよりも優れていたのです。

記憶が脳に定着するときにはドーパミンやノルアドレナリンなどが分泌される必要がありますが、運動によってその分泌を促すことができるのです。面白いことに、学習後すぐに運動をした人には記憶の向上は見られなかったのですが、**4時間後に有酸素運動をすると、学んだことが記憶に定着しやすいということもわかったのです。**学習してから4時間後に運動をすることは難しくても、少し時間を空けてから運動することを習慣づけると、頭の中の整理を促すことができて学習効率も高くなるのです。

そうはいっても「忙しいよ」という方は、帰りの電車を1駅手前で降りてみるのはいかがですか。特に頭を整理したいときは歩いてみましょう。有酸素運動は脳のリフレッシュと、脳内の整理にも大きく貢献してくれるのです。

3 筋トレは最強のメントレ！

心をタフにするには、筋トレが効果的

有酸素運動と合わせて取り組みたいのが筋トレです。筋トレは「自己効力感」を高める上で非常に効果的なのです。**筋トレは「自分の限界を少し超えるトレーニング」といえます。**

少々しんどくても、さらにもう一押し体に負荷をかけると筋肉痛になります。このとき壊れた筋肉がより強くなって再生します。

筋トレすると自分の限界を超えるチャレンジができるのです。これにより、さらにモチベーションが高まって、また筋トレしたくなるというわけです。

心を強くするためには身体を強くするのが一番の早道です。手前味噌になりますが、私は筋

トレしてから精神的に安定しやすくなり、ちょっとした悩みごとにも動じなくなりました。精神的な負荷に耐えられるメンタルが身についたのではないかと思います。

◎同年代の人が集まる時間に、ジムに行く効用とは？

私は週2回の筋トレを習慣づけていますが、ジムの滞在時間は30分と決めています。締め切りをつくることで、集中して取り組むことができるからです。

筋トレは家でもできますが、私は意思が弱いので環境の力を借りるようにしています。ジムで頑張っている人の姿を見ることで「自分も頑張らなきゃ」と思うことができるので、ジムに行く時間帯はなるべく同年代の人たちがいる時間帯を選んでいます。これにより、1回あたりの取り組みの成果を高めることができるのです。

ただし、就寝する直前の筋トレは交感神経を活性化させてしまい、寝つきが悪くなるので注意しましょう。少なくとも就寝の3時間前までには終えたいですね。

食に対する意識も高まる！

運動習慣が身につくと、食に対しての意識が高くなります。例えば、

「せっかく筋トレをしたから、脂っこいものや炭水化物よりもタンパク質が豊富な食べ物を摂取しよう」

「有酸素運動をして４００キロカロリーも消費したから、今日はシュークリームを食べるのはやめておこう」

こんなふうに考えるようになるので、食習慣の乱れを防ぐことができるのです。

運動していないときであれば、買おうか、買わないかの判断に迷いが生じるシュークリームであっても、「頑張って運動したのにもったいない」と「諦める理由」を簡単に見つけることができるのです。**意思力の消耗も軽減されるので、やはり運動はメンタルにもプラスの効果をもたらすのです。**

なお筋トレしたら必ず記録しましょう。いつやったのか、何を何回やったのかを記録しておくだけで、「前回よりもバーベルを後5キロ重くしてみよう」などといった具体的な目標が持てるようになるので楽しさも増してくるはずです。

二〇一七年のマックマスター大学のコバチェビッチ博士の研究で、筋トレをすることで睡眠の質を高めることができる、ということがわかっています。やはり、筋トレは早起きの強力な味方であることは間違いありません。興味のある方はすぐに始めてみることをお勧めします。

4

自己効力感が高まる！「記録術」

体重の管理が、コントロール感を高める

高いパフォーマンスを発揮するには体のマネジメントが不可欠です。なかでも重要なのが体重の管理です。私は今でこそ体重をベストな数値でコントロールできていますが、かつては最大86キロ、最低59キロと体重の増減がとても激しかったのです。体重が重いときは物事を先延ばししたり、諦めやすくなったりして自分をコントロールできている感覚が全くありませんでした。

体重の増加は「自己効力感」に悪い影響を与えます。肥満度を示す**「体格指数（ＢＭＩ）が高くなればなるほど記憶力が悪くなる」**ということをケンブリッジ大学のチームが心理学誌に

発表しました。通常、お腹がいっぱいになると脂肪細胞からレプチンが分泌され、「もう満腹だよ」と脳に指令が伝わり食欲を抑制します。しかし、肥満度が高くなると、「満腹ホルモン」と呼ばれるレプチンの分泌がうまくいかず、いつまでも満腹だと感じず、食べ過ぎてしまうのです。**このレプチン、実は「学習ホルモン」とされており記憶力にも影響を与えます。レプチンの分泌が乱れると記憶力も低下してしまうそうです。**

これを避ける簡単な方法があります。それが毎朝同じ時間に体重計に乗ることです。体重を一定に保てていることを把握することで、「自分をコントロールできている」と感じることができ、それが自己効力感の向上にもつながるのです。

私は毎朝シャワーを浴びる前に体重計に乗って体重を記録しています。体重が少し増えたことに気づいたら、「運動量を少し増やす」「食事に気をつける」というように、早い段階で手を打てます。毎日、体重を管理して、記録するだけでも自己効力感を高めることができるので、ぜひカレンダーなどに毎朝の体重を記録してみましょう。早起きとの相乗効果を感じることができるはずです。

5 昼寝でリブーストする

ちょっとした仮眠で、意思力が回復する！

私は昼寝の時間を重視し、毎日の計画に組み込んでいます。昼寝のおかげで消耗した意思力や注意力、集中力を回復させることができるからです。

誰でも昼食後は眠気が襲ってきますよね。そのとき無理に集中しようとしても、眠気に勝つことは難しいものです。

私が学生だった頃、どれだけ頑張ろうと思っても、授業中の眠気には勝てず、知らない間に寝てしまっていたなんていう経験を何度もしています。眠い午後の時間帯は、うっかりミスが増えたり、仕事の効率が下がったりして、結果的に自己効力感も低下する事態を招きます。

今でこそよく耳にするようになった「パワーナップ」ですが、これは簡単に言えば15分から20分程度の仮眠を取ることです。ミシガン大学の認知心理学の研究でも、パワーナップによって私たちの意志力は回復することがわかっています。

ある研究では昼寝をした後の集中力は朝と同じレベルになることがわかっていて、その効果は昼寝のあとから、2〜3時間続きます。その上、短期記憶も良くなるので、自己効力感の向上にもつながります。

◯昼寝のおかげで、思考系の勉強がスイスイはかどるように！

ユニバーシティカレッジロンドン（ロンドン大学の1つ）に合格したSさんは、平日の朝と週末に留学に向けた勉強に取り組んでいました。

平日の昼間は仕事をしていたSさんは、週末も同じ時間に起きて勉強に取り組んでいると、どうしても午後の効率が落ちてしまうそうです。頭が働かないこの時間帯をどう乗り切ればいいのかわからなかったのです。

そこでSさんには昼寝を取り入れることを勧めました。6時に起床して、12時ごろ昼食を取って13時頃から20分間、昼寝をすることにしたのです。

昼寝を組み込んでからは、頭がすっきりと冴えて、集中力を発揮できるようになったとのこと。思考系の勉強がグングンはかどり、計画通りに学習を進めることができたそうです。

なお、昼寝は30分を超えると、深い眠りに入ってしまうので注意しましょう。目が覚めたときにスッキリと頭が働く程度の短時間にとどめるのがポイントです。

1日の中にも調子の浮き沈みがあることを前提として、休む時間を上手に取り入れると、1日中、高いパフォーマンスで過ごせるようになります。

6 週末も同じリズムで生活する

寝だめすると、体内時計が狂ってしまう

週末に寝だめをして、睡眠不足による疲れを取り戻そうとする人は少なくありません。
しかし、週末の寝だめは体内時計を狂わせるリスクが高く、月曜日の朝、起きるのがよけいつらくなってしまいます。

本来、平日の生活リズムを整えながら、睡眠不足を解消するのがベストです。

それが難しい場合は、1時間だけいつもよりゆっくり寝てみるのはいかがですか。少し長めの昼寝を取り入れるのも一策です。経験上、この程度であれば、月曜日の朝、起きるのはそれ

ほどつらく感じないように思います。

日によって違うリズムで生活していると、体内時計はそれに合わせようと頑張るのですが、やはりうまく調整できず、結果的に体に負担がかかります。

早起きを習慣化させることは、体内時計を早起きモードの時間に合わせることが大事です。できるだけ週末も同じリズムを保つことを心掛け、早起きリズムを上手に回していきたいですね。

7 心が安定する〝自分の騙し方〟

自分を上手に騙す秘けつとは？

どんな人にも「いい一日だった」と感じられる日と、そうでない日があります。
そんな日は、たまったストレスを発散するために、暴飲暴食したり散財したりするなど、思い切った行動をとりがちです。でも、その多くが自尊心の低下を招くなど、良くない結果をもたらします。

どうすれば負のスパイラルに陥らず、気持ちを切り変えることができるのでしょうか。

メンタルトレーニングの世界では、行動から感情へ働きかけることで感情は変えられると考えています。

心が安定している人は、ある意味、〝自分を騙す〟ことがうまいのです。気持ちが乗らないときや、嫌なことがあった日、緊張して心に余裕が持てなくなったときは**「鏡の前でニコッと笑ってみる」「落ち着きがあるような顔をしてみる」など**して、**意識的に自分の気持ちを変えてみましょう。**

物理学者のレナード・ムロディナウは、『しらずしらず――あなたの9割を支配する「無意識」を科学する』（ダイヤモンド社）の中で、この現象を「感情の錯覚」と呼んでいます。感情を変えたいときは感情をどうにかしようとするのではなくて、行動を変えてみると効果的だというのです。

◎誰かに親切にしてみよう

たとえば英語の面接試験を受ける前は誰でも緊張するものです。自分が得意とするテーマの質問をしてもらえるといいのですが、予想外の質問がくるかもしれません。どれだけ入念に練習しても緊張してしまうものです。

こんなとき、緊張をほぐす方法として私が勧めているのが笑顔をつくることです。鏡の前に立ってとにかく笑顔をつくってみるのも確かに効果はありますが、それ以上に効果があるのは心からの笑顔です。

その場にいる誰かに親切にしてみるなど、すぐにできることを探してみてもいいでしょう。街中にいるのであれば、外国人観光客の方が駅で困っていたり、道に迷っているようであれば、声をかけて助けてあげるのも一策です。

欧米に比べて日本の電車やバスは路線が細かくわかれており、慣れていない観光客の方は戸惑います。一声かけてあげるだけで、とても喜んでもらえるのです。

誰かを笑顔にすると、自然と自分も笑顔になるので、緊張もスッとほぐれるのです。

行動を変えてみることで、感情はコントロールできます。仕事がうまくいかなかったとき、悩み事があるときなどは、自分が笑顔になれるアクションを考えてみてください。感情のコントロールがうまくできると生活リズムが乱れることも少なくなります。

8 手帳に自分との約束を書く

自分の時間を増やすために

突然ですが、あなたのスケジュール帳を見てください。あなたは自分のために作り出した時間はどれくらいありますか。

この本のテーマは早起きですが、早起きをする究極の目的は、上手に時間をコントロールして、自分がやりたいことを存分にして、人生を楽しむことでした。

充実した日々を過ごすために必要なのは、時間の使い方を変えること。自分以外の誰かによって決められたスケジュールで活動する時間を減らして、自分で決めたスケジュールで活動する時間の割合を増やすことが大事なのです。

そもそも私たちが自由に使える時間は1年でざっと数えると２９２０時間しかありません。内訳は次の通りです。１年間を時間にすると８７６０時間。ざっくり、1日8時間睡眠したとすると、活動に使えるのは５８４０時間。さらに学生や社会人ならば、学校や仕事にその半分の時間を使うため、残りは２９２０時間しかないのです。

1年間のうちで自分のために使える時間は、最大でも全時間の3分の1程度しかないという計算になります。見方を変えると、人生の3分の1程度しか、自分のやりたいことのために自由に生きることはできないのです。

睡眠時間を8時間として計算すると、残りの16時間を誰のために使うのか、その主導権は誰が握っていますか。睡眠以外の自分の時間の50％以上が、誰かによって決められた予定や都合で消費されていては、人生の主導権を握ることはできません。

まずは自分でコントロールできない時間と、自分主導で使える時間がどれだけあるのかを把握しましょう。睡眠を削るのは本末転倒なので、残業を減らす工夫をするなど、コントロールできない時間を増やさないように意識づけてください。

自分の時間を強制的に確保する

大手企業に勤めるFさんは、私のコンサルティングで1週間のスケジュール整理をしてみたところ唖然としました。想定していたよりもはるかに少ない時間しか、自分の時間を持てていなかったことに気づいたからです。

ヨーロッパの大学でMBAを取得するという目標を達成するには、残業を減らすことが欠かせません。飲み会も優先度の高いものに一次会のみ参加するなど、明確な基準を設けて、日々の時間の無駄を省き、自分の時間を捻出するよう心掛けたのです。

早起きすることを最優先事項としたうえで、帰宅後も勉強することにしました。**まずは1週間のスケジュールを確認し、自分の時間を強制的に天引きすることで、時間はつくり出せるも**

のだということを実感されたそうです。 日々、しっかりと勉強する時間を確保したFさんは、結果的にヨーロッパの名門大学でMBAを取ることができました。

通常、手帳には仕事や他人との約束を記入しますが、自分との約束を書くことも大事なのです。

1週間のスケジュールを振り返り、どうすれば自分の時間を増やせるか考えてみましょう。

そして、**自分との約束を果たす時間を確保したら簡単に手放さず、頑固に守り抜いてみましょう。それが自分の時間をつくり出すための最強の方法です。**

9 毎日5分、1日を振り返る

振り返ることで、いろいろな気づきを得られる

あなたは1日を振り返る時間を設けていますか。

私が学んだケンブリッジでは、振り返りの大切さについて口をすっぱくして指導されました。授業内容や読んだ文献を読みっ放しにせず、必ず振り返るように、というのです。

思えば、大学受験時やケンブリッジ留学に向けて勉強していたときは、いつも日記をつけていました。

記録することは進捗を管理することでもあり、自己効力感を高める方法の一つだということを心理学の勉強から学びました。

現代は、やることがどんどん降ってくるような時代です。意識的に振り返る習慣を持たなければ、日々流されていってしまいます。日々、高いパフォーマンスを発揮し、充実した毎日を手にするためにも、1日5分でもいいので、自分の行動を振り返る時間を持ってみましょう。

私が主催する英語塾でも、とにかく記録することを勧めています。大学生だったNさんは努力家で、留学に向けて勉強していました。でも、あるとき成績が伸び悩み、自信を失いそうになった時期がありました。試験が近づいてくると、つらい現状が大きなプレッシャーとなってのしかかり、気持ちが落ち込んでしまうというのです。

そこで、Nさんには過去の勉強日記を読み返すように勧めました。Nさんは、もともと勉強日記を記す習慣があったため、過去の記録も全て読み直すことができたのです。

人が成長するときは一直線ではなく、いろいろなうねりを経験しながら成長していきます。

Nさんは勉強日記を読み返すことで、過去に、いろいろな段階で挫折感を味わっていることに気づきました。その都度、地道に努力して成長し、乗り越えてきたからこそ今がある、とい

うことに気づいたのです。過去の記録を振り返ることで、今の苦しみもいつかは乗り越えられるのではないかという気持ちになることができたそうです。
その後、成績を飛躍的に伸ばしたNさんは、夢であった海外留学を経て国際機関で働いています。今でも日記をつけることは毎日欠かさず続けているとのこと。記録するというシンプルな行いが、これほども大きな効果を持っているのかと改めて感じさせられます。

人の記憶とは曖昧なものですが、記録は嘘をつくことはありません。
1日の中で起こったことや感じたことを文字にしてみるだけで、客観的に自分を捉えることができるようになります。

私が大学受験のときから書いているのが〝DCAP〟で書くというシンプルな日記です。
PDCAは聞いたことがあるかと思いますが、今日あった出来事を振り返ることからスタートして、順を追って書いていきます。

「(Do) なにをしたの？　なにがあったの？」

「(Check) それはどうだったの?」
「(Action) どうしたらもっと良くなる?」
「(Plan) 次の一手はなに?」

こんなふうに、シンプルにプロセスを辿っていくことで、1日の出来事を簡単に振り返り、自分なりの考えをまとめることができます。

日記を書くことの効用は、理想と現実のギャップをできるかぎり正確に把握できることです。毎晩、振り返る習慣を持つことで、理想と現実のギャップを早い段階で見つけることができます。

毎日を振り返り、文字にすることで客観的に自分を見つめる時間を持ってみましょう。きっと頭と心の整理ができて、すっきりとした気分になるはずです。

いい日もあまり良くなかった日もあるのが人生です。記録をすることで心に安定感を生み出す仕組みを作れるようにもなります。

あとがき

朝が変われば、1日が変わる。現状にもどかしさを感じている人は、起きる時間を変えるだけで見える景色が大きく変わることを実感されると思います。

本書ではステップアップしたい人、もっと成長したい人、そして今の置かれた状況から脱したい人のために、早起きが習慣化するための方法についても余すことなくお伝えいたしました。

早起きは、みなさんにとってスタートでしかありません。

「知識に経験が加わってはじめて、物事は『できる』ようになるのです」

京セラの創業者、稲盛和夫さんの言葉です。自転車の乗り方と同じで、頭で理解しただけではできるようにはなりません。

ぜひ、できそうなものから実践してください。そして、自分なりのアレンジをどんどん加えてオリジナルな早起き習慣に練り上げていってください。

何よりも大切なことは無理に起きることではなく、朝の時間を楽しむことです。「楽しい朝時間を過ごすためにできることはなんだろう」と考えるところからスタートしてもいいですね。早起きが定着すると1日が長く感じられるようになります。

バタバタと追われる生活ではなく、ゆとりのある生活を送れるようになります。心に余裕ができると、生活の中に新しいことにチャレンジする余白が次々と生まれます。

新しい小さな一歩が、大きな変化を生む第一歩になります。

本書をきっかけに早起きのライフスタイルを確立し、読者の皆さんの毎日が今まで以上に楽しいものになれば、これに勝る喜びはありません。

なお、本書を読んだら、#スゴい早起き、#塚本亮などのハッシュタグをつけてインスタグラムやTwitterで感想を聞かせてください。楽しみにしています。早起きを習慣化させる輪が広がり、朝時間を満喫される方が一人でも増えることを心から願っています。

最後までお付き合いいただきまして、ありがとうございました！

塚本亮

〈著者紹介〉

塚本 亮（つかもと・りょう）

同志社大学卒業後、ケンブリッジ大学大学院修士課程修了（専攻は心理学）。高校時代、偏差値30台、退学寸前の問題児だったが、高校3年春から大学受験を開始。早朝の「早勉」でメキメキと成績を伸ばし、同志社大学経済学部に現役合格する。
その後、在学中に海外留学を決意し、早朝の時間を活用して勉強を開始する。努力が実り、同志社大学卒業と共にケンブリッジ大学大学院に合格し、入学を果たす。ケンブリッジ入学後は、想像を絶する課題量にもめげず、早起きしながら勉強に励み優秀な成績で卒業する。
帰国後、京都にてグローバルリーダー育成を専門とした「ジーエルアカデミア」を設立。心理学に基づいた指導法が注目され、国内外から指導依頼が殺到。学生から社会人までのべ200人以上の日本人をケンブリッジ大学、ロンドン大学をはじめとする海外のトップ大学・大学院に合格させている。

主な著書に『「すぐやる人」と「やれない人」の習慣』『IELTS英単語・熟語5000完全攻略〈MP3CD-ROM付き〉』（共に明日香出版社）、『努力が勝手に続いてしまう。』（ダイヤモンド社）などがある。

頭が冴える！　毎日が充実する！ **スゴい早起き**

2019年1月17日　第1刷発行
2024年9月30日　第14刷発行

著　者——塚本亮

発行者——徳留慶太郎

発行所——株式会社すばる舎

〒170-0013 東京都豊島区東池袋3-9-7 東池袋織本ビル
TEL　03-3981-8651（代表）　03-3981-0767（営業部）
振替　00140-7-116563
http://www.subarusya.jp/

印　刷——株式会社光邦

落丁・乱丁本はお取り替えいたします

ISBN978-4-7991-0777-5